思想的・睿智的・獨見的

經典名著文庫

學術評議

丘為君　吳惠林　宋鎮照　林玉体　邱燮友
洪漢鼎　孫效智　秦夢群　高明士　高宣揚
張光宇　張炳陽　陳秀蓉　陳思賢　陳清秀
陳鼓應　曾永義　黃光國　黃光雄　黃昆輝
黃政傑　楊維哲　葉海煙　葉國良　廖達琪
劉滄龍　黎建球　盧美貴　薛化元　謝宗林
簡成熙　顏厥安（以姓氏筆畫排序）

策劃　楊榮川

五南圖書出版公司 印行

經典名著文庫

學術評議者簡介（依姓氏筆畫排序）

- 丘為君　美國俄亥俄州立大學歷史研究所博士
- 吳惠林　美國芝加哥大學經濟系訪問研究、臺灣大學經濟系博士
- 宋鎮照　美國佛羅里達大學社會學博士
- 林玉体　美國愛荷華大學哲學博士
- 邱燮友　國立臺灣師範大學國文研究所文學碩士
- 洪漢鼎　德國杜塞爾多夫大學榮譽博士
- 孫效智　德國慕尼黑哲學院哲學博士
- 秦夢群　美國麥迪遜威斯康辛大學博士
- 高明士　日本東京大學歷史學博士
- 高宣揚　巴黎第一大學哲學系博士
- 張光宇　美國加州大學柏克萊校區語言學博士
- 張炳陽　國立臺灣大學哲學研究所博士
- 陳秀蓉　國立臺灣大學理學院心理學研究所臨床心理學組博士
- 陳思賢　美國約翰霍普金斯大學政治學博士
- 陳清秀　美國喬治城大學訪問研究、臺灣大學法學博士
- 陳鼓應　國立臺灣大學哲學研究所
- 曾永義　國家文學博士、中央研究院院士
- 黃光國　美國夏威夷大學社會心理學博士
- 黃光雄　國家教育學博士
- 黃昆輝　美國北科羅拉多州立大學博士
- 黃政傑　美國麥迪遜威斯康辛大學博士
- 楊維哲　美國普林斯頓大學數學博士
- 葉海煙　私立輔仁大學哲學研究所博士
- 葉國良　國立臺灣大學中文所博士
- 廖達琪　美國密西根大學政治學博士
- 劉滄龍　德國柏林洪堡大學哲學博士
- 黎建球　私立輔仁大學哲學研究所博士
- 盧美貴　國立臺灣師範大學教育學博士
- 薛化元　國立臺灣大學歷史學系博士
- 謝宗林　美國聖路易華盛頓大學經濟研究所博士候選人
- 簡成熙　國立高雄師範大學教育研究所博士
- 顏厥安　德國慕尼黑大學法學博士

經典名著文庫053

勸　學

福澤諭吉 著
徐雪蓉 譯

經典永恆・名著常在

五十週年的獻禮・「經典名著文庫」出版緣起

總策劃 楊榮川

五南，五十年了。半個世紀，人生旅程的一大半，我們走過來了。不敢說有多大成就，至少沒有凋零。

五南忝爲學術出版的一員，在大專教材、學術專著、知識讀本出版已逾壹萬參仟種之後，面對著當今圖書界媚俗的追逐、淺碟化的內容以及碎片化的資訊圖景當中，我們思索著：邁向百年的未來歷程裡，我們能爲知識界、文化學術界做些什麼？在速食文化的生態下，有什麼值得讓人雋永品味的？

歷代經典・當今名著，經過時間的洗禮，千錘百鍊，流傳至今，光芒耀人；不僅使我們能領悟前人的智慧，同時也增深我們思考的深度與視野。十九世紀唯意志論開創者叔本華，在其〈論閱讀和書籍〉文中指出：「對任何時代所謂的暢銷書要持謹慎的態度。」他覺得讀書應該精挑細選，把時間用來閱讀那些「古今中外的偉大人物的著作」，閱讀那些「站在人類之巔的著作及享受不朽聲譽的人們的作品」。閱讀就要「讀原著」，是他的體悟。他甚至認爲，閱讀經典原著，勝過於親炙教誨。他說：

「一個人的著作是這個人的思想菁華。所以，儘管一個人具有偉大的思想能力，但閱讀這個人的著作總會比與這個人的交往獲得更多的內容。就最重要的方面而言，閱讀這些著作的確可以取代，甚至遠遠超過與這個人的近身交往。」

爲什麼？原因正在於這些著作正是他思想的完整呈現，是他所有的思考、研究和學習的結果；而與這個人的交往卻是片斷的、支離的、隨機的。何況，想與之交談，如今時空，只能徒呼負負，空留神往而已。

三十歲就當芝加哥大學校長、四十六歲榮任名譽校長的赫欽斯（Robert M. Hutchins, 1899-1977），是力倡人文教育的大師。「教育要教眞理」，是其名言，強調「經典就是人文教育最佳的方式」。他認爲：

「西方學術思想傳遞下來的永恆學識，即那些不因時代變遷而有所減損其價值的古代經典及現代名著，乃是眞正的文化菁華所在。」

這些經典在一定程度上代表西方文明發展的軌跡，故而他爲大學擬訂了從柏拉圖的《理想國》，以至愛因斯坦的《相對論》，構成著名的「大學百本經典名著課程」。成爲大學通識教育課程的典範。

歷代經典．當今名著，超越了時空，價值永恆。五南跟業界一樣，過去已偶有引進，但都未系統化的完整舖陳。我們決心投入巨資，有計畫的系統梳選，成立「經典名著文庫」，希望收入古今中外思想性的、充滿睿智與獨見的經典、名著，包括：

- 歷經千百年的時間洗禮，依然耀明的著作。遠溯二千三百年前，亞里斯多德的《尼各馬科倫理學》、柏拉圖的《理想國》，還有奧古斯丁的《懺悔錄》。
- 聲震寰宇、澤流遐裔的著作。西方哲學不用說，東方哲學中，我國的孔孟、老莊哲學，古印度毗耶娑（Vyāsa）的《薄伽梵歌》、日本鈴木大拙的《禪與心理分析》，都不缺漏。
- 成就一家之言，獨領風騷之名著。諸如伽森狄（Pierre Gassendi）與笛卡兒論戰的《對笛卡兒沉思錄的詰難》、達爾文（Darwin）的《物種起源》、米塞斯（Mises）的《人的行爲》，以至當今印度獲得諾貝爾經濟學獎阿馬蒂亞・森（Amartya Sen）的《貧困與饑荒》，及法國當代的哲學家及漢學家余蓮（François Jullien）的《功效論》。

梳選的書目已超過七百種，初期計劃首爲三百種。先從思想性的經典開始，漸次及於專業性的論著。「江山代有才人出，各領風騷數百年」，這是一項理想性的、永續性的巨大出版工程。不在意讀者的眾寡，只考慮它的學術價值，力求完整展現先哲思想的軌跡。雖然不符合商業經營模式的考量，但只要能爲知識界開啓一片智慧之窗，營造一座百花綻放的世界文明公園，任君遨遊、取菁吸蜜、嘉惠學子，於願足矣！

最後，要感謝學界的支持與熱心參與。擔任「學術評議」的專家，義務的提供建言；各書「導讀」的撰寫者，不計代價地導引讀者進入堂奧；而著譯者日以繼夜，伏案疾書，更是辛苦，感謝你們。也期待熱心文化傳承的智者參與耕耘，共同經營這座「世界文明公園」。如能得到廣大讀者的共鳴與滋潤，那麼經典永恆，名著常在。就不是夢想了！

二〇一七年八月一日 於

五南圖書出版公司

導讀——從暢銷書轉爲經典的福澤諭吉的《勸學》

南臺科技大學應用日語系教授　林水福

一

福澤諭吉（一八三四—一九〇一）從明治五年（一八七二）到九年（一八七六）完成的《勸學》，銷售三百萬本，而當時日本人口約三〇〇〇萬，換句話說，十人當中就有一人買了《勸學》，所以說它是暢銷書，應不爲過吧！

日文文體變化相當快，大約百年之後，一般人閱讀《勸學》已有困難。一九七七年出現了伊藤正雄的現代語譯本，接著有一九八三年的檜谷昭彥、一九八四年的竹中晴三、一九九八年的服部陽子、二〇〇四年的加賀義及岬龍一郎、二〇〇六年的佐藤きむ、二〇〇九年的齋藤孝及河本敏浩、二〇一二年的奧野宣之等人的現代語譯本、或語譯加註釋或導讀。由此可見《勸學》的研究者不絕於途，可以依時代不同賦予不同解釋。所以我說它已成了「古典」。民間學者如此看待，官方又如何呢？

我想可以從紙幣上的人像管窺一二吧！日本一萬圓紙幣的肖像就是福澤諭吉。五千圓肖像是女作家樋口一葉，千圓是夏目漱石。雖說不能以紙幣高低代表其人之評價，不過，至少可管窺官方的價值判斷吧！

二

介紹《勸學》之前，我想先掃描一下作者福澤諭吉。一八三五年生於中津藩（現大分縣中津市），是下級武士也是儒學者福澤百助之次男。他父親拿到《上諭條例》（記錄清乾隆時代的法令書）當夜出生，因此取名諭吉。幼時起即嗜讀漢書籍如《論語》、《孟子》、《詩經》、《書經》、《史記》、《老子》、《莊子》、《左傳》等，尤其是《左傳》共十五卷，據說讀了十一遍，重要處都能背誦。所以諭吉學問的根本在於儒學。思想方面，源於龜井南冥、荻生徂徠；諭吉之師白石照山則爲陽明學及朱子學。

一八五四年，時諭吉十九歲到長崎學習蘭學（荷蘭學），黑船來襲，其兄勸諭吉學荷蘭語，進而研究荷蘭砲術。翌年，諭吉到大阪緒方洪庵之「適塾」繼續研究荷蘭學。當時諭吉可讀荷蘭語原文書，對化學實驗、工藝技術尤感興趣。

一八五八年奉中津藩之命到江戶，於江戶中津藩邸開設蘭學塾，成爲後來慶應義塾之基礎，因此，慶應義塾以這一年爲創校之年。一八五九年時，到外國人居住的橫濱參觀，發現所學荷蘭語無用武之地，自己竟連商店招牌都看不懂，大受打擊，深感非學英語不可。於是藉著《荷英字典》開始自學英語。一八六〇年日本政府派遣使節團赴美交換日美修好通商條約批准書，諭吉以護衛艦隊咸臨號艦長侍者身分加入。一八六一年以遣歐使節團團員身分赴歐，到英國、歐洲各國。政府給的旅費四百兩，悉數購買英文書籍、物理書籍、地理書籍，深感日本需要西洋學。一八六三年歸國之後開始著書《西洋事情》等，爲日本的文明開化啓蒙盡力。一八六八年創立慶應義塾大學。一八七九年擔任東京學士會院（即現之日本學士院，相當於我中央研究院）第一任院長；獲選爲東京府會副議長，辭退。

之後退出政壇專心於著書立說，興學，辦報，致力介紹西洋文明。

諭吉著作甚豐，岩波書店有《福澤諭吉選集》（全十四卷），除《文明論之概略》、《勸學》、《福翁自傳》等之外，其中，翻譯的有《童蒙教草》、《雷銃操法》、《洋兵明鑑》、《帳合之法》、《清英交際始末》、《掌中萬國一覽》等；意譯或部分翻譯的有《窮理圖解》、《會議辯》、《英國議事院談》；譯述的有《西洋事情》、《西洋旅行指南》等。

三

《勸學》，開頭的「天不在人之上造人，不在人之下造人」援用美國獨立宣言的這句話，強調上天造人賦予相同的地位，不分上下貴賤。收入當時的小學生課本，因此大家都能琅琅上口。它不僅是明治初年的暢銷書，還影響了當時的教育政策。目前一般日本人即使未讀完《勸學》全書，至少知道這句話的出處。

十七篇內容涵蓋範圍相當廣泛，有論國與國的關係、個人獨立與國家獨立、學者的職責、國法之貴、國民的職責、學問的旨趣、演說之重要、理論與行動的一致性、確保自身的獨立、懷疑與取捨、人望等。

以下幾個觀點值得特別提出：

其一，《勸學》強調人生而平等，之後學與不學就產生不同的結果。學，則可以成爲貴人、富人，不學，則成爲窮人。這裡所謂學問，「日常生活是學問，經濟活動是學問，洞察社會發展與情勢變遷的能力當然也是學問。」（頁一六）接近「經世濟民」意義，非古詩詞吟風詠月之學。當時，日本處於國勢衰弱狀態，諭吉因此提倡獨立，不僅個人獨立，國家也要獨立，獨立的要件是個人要有基本的生活能力，因此，他所說的學問指的是實用之學，也就是實際生活可應用之學。

大凡景氣不佳時，重視實用之學；昇平之際，風花雪月之學興盛。另一方面，他說學問分兩種旨趣，一是內在的義務——生活不依賴他人。二是外在義務——國民必須通力合作追求國家整體自由和獨立。（參見一〇二頁）僅止於滿足個人的基本生活所需是不夠的。追求學問「應先立定高遠的志向」，不應趨易避難，「容易得到手的東西，多半無甚價值。」

其二，國民與政府是平等的。平等的意義在於：國民納稅，守法，盡應盡之義務、責任。政府應妥善正確使用稅金，制定法律，懲罰壞人，保護好人。也說政府是國民的代理，依國民的意思行事。而國民對於惡法、不合時宜之法，應無所保留與之理論要求改善。

暴政，起因於國民之無知，非一人之權利者或暴君之故，「有怎麼樣的國民，就有怎麼樣的政府。」（頁九）國民不能不關心政治，政府無能，某一方面也是國民造成的。對於暴政，諭吉主張國民要以力量對抗，而且要貫徹到底。如果發生內亂，要將善惡拋之腦後，以戰力的強弱決定勝負。

其三，職務與身分、地位是不同的。重要的是要能完成因職務而有的責任，當然，爲了能遂行其職務，需有適當的權限。例如一位部長，如果沒有完成他應盡的義務、責任，他其實沒什麼身分、地位可言。換句話說，不是因爲當了部長就高高在上，而是當得好才有部長的身分、地位。

其四，沒有收賄風聲的官員，只是沒偷錢而已，原本沒什麼好稱讚的，卻因爲僞君子太多而顯得難能可貴。（參見一一三頁）也就說清廉不值得讚揚，清廉不等於能力。如果只是清廉就可以當官，鄉下農夫可以當官的太多啦！還說有點芝麻綠豆大的政績，就言過其實的歌功頌德，就像娼妓在諂媚恩客一樣。雖然諭吉說的是日本，拿來對照臺灣，似乎也說得通，不是嗎？

其五，《勸學》的部分文章本來是給校內同仁看的，其中諭吉對慶應義塾大學同仁（包括教職員、在學生、畢業生）有如此的期許：「文明要發展，國家要獨立，不能光靠執政者或洋學家，而必須由我慶應義塾的同人來承擔。」（頁四〇）如果只說這些或許有人會說諭吉未免把慶應看得太高了吧？他接著說：「或許我們的學識還不算很高，但畢竟已努力多年，在國內也具中等以上的地位。放眼社會上的諸多改革，我們就算不是領頭者，也是重要的幕後推手。」（頁四〇）不自誇，但也不妄自菲薄。

經濟不景氣時代，大學重視就業問題，培養就業技能，無可厚非；但是如果所有大學都以培養就業技能爲導向，那麼大學就喪失了大學應有的高度，培養國家的領導人才的目標將淪爲空談。

在日本，慶應與早稻田並列，是私校中數一數二的名校，比一些地方的國立大學學術地位還要高，可說人才輩出。

其六，鼓勵自行創業。他說「當今學者在協助國家獨立時可走的兩個方向，一是進入政府部門擔任公職，另一是脫離官僚體系自行創業。而我的結論是支持後者。」（頁四一—二）文中所稱「學者」，指的是大學畢業者。痛斥洋學者（指學外文者）「這些人滿腦子想做官，不考慮自行創業……跟漢學者一樣，不改學而優則仕的陳腐觀念……認為從政才是王道，才會有出息。這種行為或許很不可取，但志向本身並不需要痛斥。」（頁三九）或許創辦人思想的影響，慶應人活躍於工商業界者多（有名的政治人物如小泉純一郎、橋本龍太郎、平沼赳夫皆慶應校友），相對的慶應財力雄厚。舉一例，慶應的《三田文學》是碩果僅存的大學文學雜誌，且舉辦三田新人獎。

大學每年編列預算支持，否則亦無以為繼。歷史悠久享有盛名的《早稻田文學》已走入歷史。

四

世人對福澤諭吉大體上褒多於貶。貶的部分是針對其提倡的國家主義及帝國主義之一部分。例如發表「脫亞論」拒絕與中國、朝鮮爲伍，倡導侵略主義。但僅就《勸學》而言，發人深省者眾，尤其對照當今國內情況，值得借鏡、參考的地方相當多。

序

本書是我在讀書閒暇之餘隨手寫下的。第一篇寫於明治五年二月，及至九年十一月完成第十七篇。至今共發行七十萬冊，其中，第一篇不下二十萬冊。加上過去因版權法不彰，盜版猖獗，估計就有十幾萬冊之多。假設第一篇不論正版、盜版，共計二十二萬冊，那麼，以全日本三千五百萬人口來算，每一百六十個人當中就有一個讀過本書，可說是古來稀有的發行量。由此亦可見人民向學之激進大勢。書中論點有的是因應當下所需，也有思考長遠未來的內容。因匆匆下筆，有的意思甚爲淺近，有的則著眼於大方向，不拘泥眼前小事。現將全部內容集結成冊，或許通讀全文一時會有不甚連貫的感覺，但只要潛心玩味言外之意，就會發現前後旨趣並無矛盾齟齬。第一篇至今已有九年，之前讀過散本的學者前輩倒也並非再讀不可，此合訂本是爲了後起之輩編纂的，故順道將成書之經緯與體裁做如上說明。

明治十三年七月三十日

福澤諭吉　記

目次

第一篇

有句話說：「上天不在人上造人，也不在人下造人。」意思是上天造人時賦予相同的地位，不分上下貴賤。因此，人類身爲萬物之靈，應勞動身心，善用資源，以滿足個人生活所需，並且在不互相妨礙的前提下安居樂業。

但放眼望去，社會上有人賢德，有人愚昧。有人一貧如洗，有人家財萬貫。地位也有高有低，不一而足。若問這判若雲泥的差別所爲何來？答案其實很簡單。《實語教》[1]寫道：「人不學則無智，無智則愚。」換言之，智愚的差別只在學與不學之間。再者，社會上的工作也有難易之分。難度高的人，社會地位較高；而從事簡單工作的人，則被視爲地位較低。一般來說，耗心神的工作難，而靠勞力的比較簡單。因此，醫生、學者、官員、豪商巨賈和擁有眾多傭工的農家，身分地位是比較高的。這些人變得愈來愈富裕，讓下層民眾望塵莫及。追根究柢，差別在於當事人是否有學問，而不是天生注定的。上天不會平白把財富給人，必須努力才能獲

1 日本鎌倉時代成立的兒童啓蒙書，作者不詳。文體多爲對句形式的五言詩，共四十八聯。江戶時期被用做教科書，強調學習的重要與道德意義。本書所有的注釋皆爲譯者所加。

得。前面已經說過：呱呱墜地之初，人並無貧富貴賤之別；努力向學、擁有專長才能得到較高的社會地位，並過著富裕的生活。反之亦然。

而這裡說的學問，並非無益於社會的陳腐知識，例如認得艱澀的文字、讀懂困難的古文、吟詠和歌、寫詩作賦等等。不可諱言地，這些學問自有愉悅人心的效果，也不乏方便之處，但絕對沒有古代的儒學者與日本國學者稱頌的那麼可貴。自古以來就非常少見善於營生的漢學者，而深富和歌造詣又擅長做買賣的，更是鳳毛麟角。因此，有眞知灼見的農人或商家，若看到子弟浸淫書卷，就不免擔心日後會敗壞家業。這種憂慮其實不難理解。因爲那些學問缺乏實用性，對日常生活沒有幫助。

既然如此，就該把不實用的學問放在一旁，專注於活生生的實學才對。比如說，日文假名的伊呂波四十七音[2]、書信用語、記帳、打算盤、操作天秤等等。此外，還有很多實用的知識必須學習。地理學介紹日本國內和世界的風土知識。物理

2 指日文古文的平假名，從「いろは（i-ro-ha）」開始，共四十七音。

和哲學旨在通曉天地萬物的性質與功能。歷史學詳載年代紀事並探討世界的發展沿革。小自個人、家庭的收支，大至國家、世界的財政都是經濟學的研究範疇。而修身學則闡述個人的修養、待人接物的方法與世界的運作之道。

上述學問都可透過西洋翻譯書籍來學習。基本上，這些譯書都用日文假名來翻譯，非常平易近人。若是懂外文的青年才俊，還可參照原文閱讀。每個科目都得依據客觀事實，貼近事物本質，並掌握確切道理，以便運用在當前生活之中。當士農工商都擁有這些知識技能，就可以各司其職。從個人、家庭，再到社會、國家，逐步完成實質意義的獨立。

做學問要先知道自己的分際。人出生時無論男女都是自由自在、無拘無束的。但若一味追求自由而不懂分際，就很容易變得爲所欲爲。所謂有分際的自由，必須在順應天理、無逆人情，也不妨害他者權益的前提下爭取。自由與放任的界線就在妨礙他人與否。或許有人認爲只要花的是自己的錢，酩酊大醉或耽溺風月也是個人自由，但這根本是謬論。一個人的放縱，可能會成爲眾人的負面教材，甚至敗壞社會風氣，危害國民教育。因此，就算浪費的是自己的錢，也罪無可逭。

此外，自由和獨立非但是一己之事，也關係到社會、國家。日本是東亞邊陲的島國，長久以來自給自足，鮮少對外接觸。直到嘉永年間[3]美國人[4]渡海而來，才展開國際貿易的交流。但這段時間「鎖國」、「攘夷」的反對聲浪不絕於耳，可見國人目光實在如井底之蛙般狹隘。日本和西洋共處於天地之間，分享同一個太陽的光明，也仰望同一輪明月的清輝。徜徉與呼吸的是共同的海洋與空氣，更體驗著普世性的人情義理。而既然同爲人類，就應依天道人倫互通有無、截長補短、教學相長、平等互惠。這樣才能促進彼此的繁榮，並創造理想的世界。只要符合公理，美國黑奴的意見也應虛心領受；爲了堅持正義，英、美等國的船堅砲利也不足爲懼。國家尊嚴受損時，就算全日本人都犧牲，也要出面捍衛，如此，才算是獨立自主的

3 指西元一八四八至一八五四年，江戶後期孝明天皇的年號。

4 指美國海軍將領裴理（Matthew Calbraith Perry，一七九四至一八五八年）於一八五三年（嘉永六年）率艦隊駛入江戶灣，並帶著美國總統的國書向江戶幕府致意，隔年雙方在橫濱簽定《日米和親條約》。

國家。反觀妄自尊大的中國人，以爲除了自己，天底下沒有其他地方稱得上是國家，看到外國人就斥爲「夷狄」或貶爲畜牲，卻對本身實力無自知之明。他們一味排斥夷狄的結果，反而成爲被肆虐的對象。在國家來說是如此；以個人而言，就是因爲不辨自由的本質，才會變得恣意妄爲。

明治維新後，我國有了重大的改變；對外，依萬國公法進行國際交流，對內則向民眾宣導自由獨立的意義。具體事項包括允許平民擁有姓氏權和騎馬權，這是日本建國以來最了不起的進步，奠定了士、農、工、商四民平等的基礎。自此，日本不再有與生俱來的階級之分；地位的高低取決於才智、修養和社會責任。我們對待政府官員固然不應無禮，但是，尊貴的不是當事人，而是因爲他憑藉著自己的才德，稱職地扮演了社會角色，並循國法保障了人民的權益。也就是說，貴重的是國法，而非個人。眾所周知，幕府時代憑著「御茶壺」[5]便可在東海道耀武揚威，暢

5 是「御茶壺道中」之略。指運送將軍的茶壺通行東海道之際，所有的人都要匍匐在地行跪拜禮。

行無阻。同時，將軍豢養的老鷹比人命還尊貴；幕府的馬匹行經之處，路人皆須迴避等等，凡事只要加上「御用」兩字，連一磚一瓦都會立刻變得尊貴莫名。老百姓縱有不悅，但因長久以來對這種作威作福的情況早習以爲常，便養成卑躬屈膝的習慣。其實，這些陋習並不是法律，而物品本身也一點都不高貴，問題出在政府。虛張聲勢的官員以威權恫嚇民眾，並卑鄙地剝奪了人民的自由。所幸這些淺薄的習慣與氛圍已漸漸消失，今天，百姓已經能夠安心度日了。假如對政府不滿，與其心懷怨恨，敢怒而不敢言，不如採取適當的途徑來議論或批判比較好。只要訴求符合天理人情，拼了命也應該爭取。這就是國民應盡的義務。

如前所述，人民和國家都受天賦的道理保護，不應受外來的束縛與侵害。因此，假如國家發展受威脅，就算要與世界爲敵也不應退縮。若是個人自由被侵犯，哪怕政府官員也無須忌憚。更何況，近來已奠定四民平等的基礎，人人都能依天道人倫安心追求自己的夢想了。但是，每個人都不同，才智與修養也因人而異。若要提高才德，必須瞭解事物的道理，而前提是先學會讀書識字。換言之，我們的當務之急就是努力向學。現在，農、工、商人的社會地位已較過去高出百倍，幾乎能和士族比肩而立，平起平坐了。而且只要表現出眾，還有機會受到政府的重用。因此，大家要先建立自我認同，看重自己的存在，決不做卑鄙下流的事。

平心而論，世上沒有比愚昧無知更可悲、更可憎的人了。若蒙昧到了極致，就會連榮辱也一無所覺。因不學無術而飢貧交迫的人，往往不知反省，只會一味仇富，更極端的還會假抗議之名聚眾暴動。眞是忝不知恥，無法無天！平時仗著法律保障，安心無虞地生活，可一旦有所不便或覺得利益受損，就逞一己之快，違法亂紀。豈不是前後矛盾？家世良好且有餘產者都知道儲蓄的好處，可是卻不諳教育的重要。欠缺良好教育的子孫，長大後就容易遊手好閒，甚至敗光先人留下來的家產。面對愚昧無知的百姓，政府便只有用武力恫嚇，因爲是無法跟這種人講道理的。西洋諺語有云「愚民之上自有苛政」，但與其說是政府殘暴，不如說是愚民自找的。而既然愚民之上必有苛政，那良民之上就必有善政了。

現在的日本也是一樣。有怎樣的國民，就有怎樣的政府。假使國民的道德水準比實際狀況差，社會上充斥著更多無知的人，那麼，政府的法律必會更趨嚴苛。相反地，假使國民都努力向學，通情達理，朝文明之路邁進，政府也就沒有必要使用嚴刑峻法了。簡言之，法令嚴苛與否，關鍵在於民眾的水準。我想應該沒有人喜歡兇猛如虎的惡政，而厭惡寬厚的良政吧！又有誰不願意國家富強，或希望被外國欺凌呢？這就是人之常情。而有心報國的人也無須寢食難安、自尋苦惱，只要遵循天理人情，先端正自身的品行，再努力習得廣博的知識，政府便能施政無礙，而國民就能安心度日。總之，讓政府與民眾各司其職，各得其所，以維持國家的和平與安定，就是我勸勉各位治學的目的。

後記

以上是故鄉中津[6]創立學校時，我爲了讓老友們知道做學問的重要而寫的文章。有人看了說：「這篇文章只給中津人看太可惜了。應該廣爲流傳，以收更大效益才對。」於是，我便欣然接受這個建議，並交付慶應義塾進行活字版印刷，以供

6 指現在九州大分縣北端。

同志諸君一覽。

明治四（辛未）[7]年十二月

福澤諭吉
小幡篤次郎
（明治五年二月出版）

7 原文只寫「未」，為便於讀者理解，譯寫「辛未」。明治四年（西元一八七一年），相當於農曆干支紀年中一個循環的第八年，稱「辛未年」。

第二篇

引言

學問一詞意義很廣，既有無形的學問，也有有形的學問。心學[1]、神學、哲學等是無形、抽象的學問。天文、地理、物理、化學等是有形而具體的學問。目的都在開拓見聞，明辨事理，瞭解人類的使命。若想增廣見聞，必須多聽他人的見解，自己也要下功夫，或勤於閱讀才行。做學問得先識字，但是，像古人那樣，以為懂得文字就是有學問，那可就錯了。文字只是做學問的工具，好比蓋房子需要鐵鎚和鋸子一樣。可是若只知其名卻不知怎麼使用，並不能稱作工匠。好比識字卻不明事理的人並不算有學問。所謂「讀論語卻不懂論語」就是這個意思。有人能將我國的《古事記》[2]倒背如流，卻對今日米價毫無概念，那麼，他的生活能力必然很薄弱。對經書、史籍知之甚詳，卻缺乏基本商業概念，對做生意一竅不通的人，便會

1 即修身學、倫理學。是日本舊制學科之一，以對天皇的忠誠為主軸，教導孝順、勤勉、服從等美德。一八八〇年／明治十三年以降受到重視。二戰後廢止。

2 《古事記》是最古老的日本史書，共三卷。成立於西元七一二年。

窮於應付實際生活的收支。爲了研究洋學繳了高額學費，苦讀多年，學成後卻無法活用。說穿了，這種人只是「學問的批發商」或「會吃飯的字典」而已，不但對社會沒有貢獻，甚至可能妨礙經濟發展。日常生活是學問，經濟活動是學問，洞察社會發展與情勢變遷的能力當然也是學問。只讀了幾本中、日和西方的書，怎能稱爲有學問的人呢？

本書名爲《勸學》，但決非要大家咬文嚼字，而是以直譯或意譯的方式，介紹西洋著作中民眾應該通曉的有形、無形的知識，以闡釋學問的眞諦。我把已完成的文章做爲第一篇，現在寫第二篇申論之前的觀點，之後還會繼續寫第三、四篇。

人人平等

我在第一篇就開宗明義地指出「人生而自由平等，沒有上下貴賤之別」。以下引申其義做進一步說明。

人類依天命而生，非人力所致。既然同樣生爲人類，都是上天的受造物，就應相互尊重、各司其職，不妨礙彼此的發展。好比兄友弟恭、和樂融融，是因爲同一父母所生，有著系出同門的倫理關係。

所以，人與人的關係天生是平等的。但這裡的平等並非生活狀態的平等，而是權利[3]概念的平等。很明顯的，現實狀況有貧富、強弱之別，智慧、愚昧之分。大名和華族們住豪宅，吃美食，極盡奢華之能事。出賣勞力的底層人民只能在巷弄內賃屋而居。有人甚至連維持基本的溫飽都有困難。既有學而優則仕的人，也有縱橫商場、喊水會結凍的富商。但缺乏才智的人，一生就只能賣賣糖果糕餅來餬口了。有人如相撲般力大無窮，也有人如公主般細緻嬌弱，實在有天壤之別。但若論及與生俱來的人權，就沒有絲毫差異。而人權的意義就在於尊重生命，保障財產，並維護名譽。

人因上天的力量誕生於世，被賦予形體、心靈，以行使基本權利。這天賦的人權在任何情況下都不能被侵犯。大名諸侯和小老百姓的生命同樣珍貴。豪商巨賈

---

3 英語的「right」一詞，作者福澤諭吉譯為「權理通義」或簡稱「權義」，但中文語境多使用「權利」或「權益」，故從之。

的一百萬兩是錢，販夫走卒的四文錢也是錢。想要維護自身財產的心情並無二致。世間有兩個相當通俗，卻有侵害人權之意的諺語：一是「哭鬧的小孩和地頭[4]都不好對付」，二是「父命難違，跟不講理的主人一樣」，都是將社會現實和權利概念混爲一談的謬論。現實社會中固然有地頭與農民之分，但人權並無不同。農民感到疼痛的，地頭也會。地頭覺得好吃的，農民也一樣。趨吉避凶是人之常情，而只要不妨礙別人，就可追求自身幸福。地頭和農民的不同在於社會現實；也就是地頭富強，而農民貧弱。仗勢欺人是利用社會現實的差異侵害他人權利的意思。就好像力大如牛的相撲任意折斷鄰人的手臂一樣。鄰人的力氣固然不比相撲，但弱則弱矣，他憑著一己之力生活，卻被無端扭斷手臂，眞是倒楣透頂了。又好比說，幕府時代身分尊貴的武士常藉權勢耀武揚威，對待農夫小販如罪人草芥，甚至享有「殺人無罪」的豁免權。因此，平民百姓的生命不屬於自己，身體只是用來借住的。就算見到素不相識的武士，也得恭敬地行禮。路上偶遇時必須閃避，進了屋內也得讓席。

4 指日本封建時代莊園的領主爲管理民眾而設立的職務。

更離譜的是，連自家養的馬也不准騎。這眞是太荒謬了。

以上只是武士與平民間的不平等，至於政府和人民的關係就更不用說了。幕府如此，三百諸侯也在各自的領地內恣意妄爲，把農民與商人玩弄於股掌之間。外表好像很慈悲，卻禁止民眾行使基本人權。行徑非常之惡劣。如前所述，政府與民眾在社會現實上或有強弱之分，但權利是相同的。農人耕田種稻以餵養大眾，商人採購銷售以促成社會便利。這是他們從事的「買賣」。而國家立法懲戒壞人、保護好人，這是政府經營的「買賣」。「買賣」需要龐大的資金，但政府既無米糧又無錢財，必須靠農民和商人納稅。因此，政府與人民就在雙方合意下各司其職，形成彼此之間的契約。人民若能按時繳稅，奉公守法，就算盡了義務。而政府適當地使用稅收以維護人民的權益，也就無愧職守。雙方都能履行契約，彼此便無可非議。

但是，幕府時代政府被稱做「主上」[5]，只要打著「主上」的「御用貴事」，

5 漢字是「御上樣」，讀做「o-kami-sama」，是封建時代對天皇、朝廷、幕府、貴族、主君等人的敬稱。

就能橫行無阻。有到旅店白吃白住的；有在渡船口搭霸王船的；有人壓榨行李工的苦力；有的還會向他們勒索酒錢。惡劣的行徑罄竹難書，無法無天。另外，有的主君好大喜功，時常大興土木；也有官員胡作非為、浪費公帑。等到國庫空虛再巧立名目增稅，迫使民眾報效國恩。但是，所謂的「國恩」是什麼呢？應該是讓農夫、商人安居樂業，免除盜賊兇殺的恐懼吧！當然，人民能夠平安地生活是因為有國法保護，但立法、執法本來就是政府的「買賣」，是理所當然的事，如此，又何來「國恩」之說呢？假使保護人民是政府的恩德，那農夫和商人繳稅也該算是對政府的賞賜才對。政府要是嫌人民的訴訟「給主公添麻煩了」，那麼，人民也可以回敬政府說：「我每收成十袋米就得進貢五袋給你，眞是我的大麻煩呀！」但這樣一來，就沒完沒了了。總之，既然彼此是平等互惠的關係，就沒有一方必須感恩，而另一方卻不用致謝的道理。

追溯這種殘風陋俗的起源，主要還是因為欠缺平權的觀念。政府以貧富強弱的社會現實為盾牌，妨礙民眾的權益。卻忘記了平等是人類社會最重要的概念。英語的Reciprocity（互惠原則）、Equality（平等關係）指的就是第一章「人生而平等」的意思。

以上論述主要是在鼓勵民眾積極爭取自身的權利，但人也必須因應對象的不同，調整待人接物的方式。人民和政府原爲一體，只是扮演不同的角色。政府立法執法，民眾則必須守法。現在是明治時代，凡奉行這個年號的人都應宣誓守法。而只要是國法，就算有所不便，未經修訂就決不能隨意更改。因爲謹守國法正是民眾的職分。遺憾的是，社會上總有無知、盲目、不講道理，卻只會吃喝玩樂的人。不學無術的人反而還更貪婪。有的甚至公然詐騙，鑽法律漏洞，不知廉恥爲何物。也有人生了小孩卻不教育，這樣就算他兒孫滿堂，也無益於國家發展，甚至還會帶來禍害。對這樣的人，政府既然無法以理相待，只好祭出威權防止他們危害社會了。因世上的暴政就是這樣開始的。不僅我國幕府時代如此，亞洲諸國自古以來也是。因此，一國的專制並非全然錯在暴君與惡吏。追根究柢，是無知的民眾自找的。有受了侮辱就策劃暗殺的人，也有誤解新法意義，聚眾暴動的。還不乏以抗議爲口實，闖進有錢人家吃喝拐騙的惡棍。這些都是法治社會無法想像的惡行，只怕連釋尊和孔子都束手無策吧！亂世之中，執政者也只好用重典了。故說：人民若不願受暴政威脅，就該立刻向學，提升自己的智德，如此才能站上和政府同樣的高度。這也就是我極力勸學的目的。

（明治六年十一月出版）

第三篇

論國與國的平等關係

不論貧富、強弱，是政府或是人民，在權利上並無分別，這點在第二篇已經討論過了。接下來要進一步闡釋國與國之間的關係。

國家是人民的集合。日本由日本群眾組成，英國由英國人民組成。無論日本人或英國人都是人類，自然沒有互相侵害的道理。一個人不能妨礙另一人的權益，兩個人乃至一百萬人、一千萬人當然也是一樣。事情只要有道理，就不能因人數多寡而改變。放眼望去，世上既有文明開化、知識先進、軍備堅強且經濟富庶的國家；同時，也有野蠻落後、民智未開、軍力薄弱且貧困衰敗的國家。一般來說，美國與歐洲諸國較富強，而亞非國家多貧窮落後。但這只是粗略的社會現實，各國之間還是存在著差異。假使仗著國力強盛、經濟繁榮就去侵犯別國，就好像力大無窮的相撲任意扭斷病人孱弱的手臂一樣，基於國家平等的概念，是決不容許的。

我國目前國力雖不及西洋諸國，但是在一國的權利上並無絲毫差異。假使有人違反公義，使我國受到屈辱，那麼，即便要與世界為敵也不足畏懼。我在第一篇第六頁[1]已經說過，就算拋頭顱、灑熱血，全體國民也必須捍衛國家尊嚴。而且貧富強弱並非開天闢地就決定了的，會因人向不向學而不同；只要努力，今天的愚人可能變成明天的智者。過去盛極一時的國家，如今變得衰敗、貧窮的例子也不少見。國民若能即刻奮發向學，培養實力，先以一己之獨立爲目標，再求國家的強盛繁榮，那麼，船堅砲利的西洋人也就沒什麼好怕的了。講道理的，我們以禮相待；反之，就只好用武力伺候。但唯有個人先獨立，才會有獨立的國家。

個人獨立進而國家獨立

誠如前述，國與國屬於平等關係；國民若缺乏獨立的氣概，國家就無法保有主權。有關這點我們可從以下三方面來闡述：

1 指原文的頁數。

一、心態上不獨立的人對國家不會有深刻的感情

獨立是一種自理自主，不依賴他人的能力。能判斷是非，並做適當應對的人，才叫做獨立。靠勞動來養活自己，經濟上就不需要依賴他人。缺乏獨立精神的國民是無法承擔保衛國家的重任的。就好比一群盲人上街，卻無人指引迷津一樣非常危險。也許有人持不同見解，認爲：「民可使由之，不可使知之。」[2]意思是只要使民眾聽命行事便可，毋須讓他們懂得道理。俗話說：「有一千個明眼人，就有一千個瞎子。」意指世上有人才德兼備，也有人不明事理。只要讓智者在上位領導就可以了。這說法和孔老夫子的口吻很像，但實在令人不敢苟同。因爲，一千人當中有足夠才德當領導者的不過一個而已。假設這裡有個國家，大約有一百萬人口，其中一千人才德兼備，其餘九十九萬九千都蒙昧無知。智者以其能力與修養治理國家，就像疼愛子女、牧養羊群一樣。有時以威權恫嚇，有時以溫情撫慰。恩威並濟

2 出自《論語・泰伯篇》。福澤諭吉認爲這句話含有愚民思想，但自古以來對這句話的詮釋就因斷句之不同，而有好幾種說法。

之下，民眾自然會守法。久而久之，竊盜、謀殺等犯罪情事就會減少，而國家也會趨於安定。然而這個國家卻不是一個整體，已經明顯地分爲主、客兩方了；一千個智者是主人，但絕大多數的百姓都是事不關己、不用負責的客人。既然客隨主便，聽主人的安排就好，當然也就不會像主人一樣憂國憂民了。而這若侷限於國內也就算了，假使哪天和外國發生戰爭，情況便可想而知：這些愚昧又軟弱的小民即使不背叛國家，也會因爲自己是客人而沒有爲國犧牲的打算。情況危急時，勢必會先逃之而後快。那麼，就算號稱有百萬人口，但眞正以國家興亡爲己任的又有幾個？如此國家安全恐怕一日也不可保。

爲了抵禦外侮，保護國家主權，不論身分高低、位階上下，智者也好、愚民也罷，都應恪盡職守，讓社會充滿獨立自主的氛圍。英國人的祖國是英國，日本人當然以日本爲祖國。祖國的土地是自己的，所以應像愛惜自己的家一樣，不論財產或性命，都要有失去也不後悔的決心。這就是報國大義。當然，實際運作國政的是政府，而民眾是接受管理的。但這只是爲了劃分角色的便宜之計。若事關國家尊嚴，就不能把責任推給政府，只在一旁看戲。既然自稱日本的某某人、英國的某某人，可在國內自由地行住坐臥、飲食起居，那麼，自然也必須履行國民的義務。

回顧戰國史，駿河的今川義元率數萬大軍攻打織田信長時，信長不但在桶狹間設下埋伏，使義元退回他們的大本營。最後，還順利取下義元的首級[3]。那時駿河早已潰不成軍。原本名震四方的今川政府在一夕之間灰飛煙滅。相對的，兩、三年前法國與普魯士交戰[4]時，雖然法皇拿破崙三世一度被俘虜，但法國人民並未因此而灰心喪志，反而勵精圖治，做好了捨身取義的準備。終於在持續籠城數月之後，和對方達成停戰協議，也進而保全了法國的主權。這兩個例子有天壤之別，無法相提並論。這麼大的差異究竟所爲何來？全是因爲駿河的人民只以客人自居，一味地依賴義元，沒有把駿河視爲自己的國家。反觀法國人民，有著強烈的愛國心，國難當頭時，不用別人勸說就勇於奮戰。如此，我們便不難明白：面對外侮時，民眾若有獨立自主的氣概，就會有堅定的愛國信念；若沒有，情況當然是相反的。

---

3 指一五〇六年的桶狹間（現今的名古屋市）之戰。

4 指一八七〇年的普法戰爭。

二、假如對內缺乏獨立精神，與外國人接觸時更無法保持獨立

人若缺乏獨立精神，便會想要依附他人，並畏懼他所依附的對象，甚至會想要巴結他。時常心懷戒懼，久而久之，就會養成卑躬屈膝的習慣，臉皮也會變厚。這樣，該知恥時不知恥，該議論時不吭聲，逢人只會鞠躬哈腰。「積形成性」就是這個意思，而習慣一旦養成就很難改了。現在日本民眾已經擁有自己的姓氏權和騎馬權，法院審理訴訟案件時也較以往公正許多。至少在形式上，百姓已能和士族平起平坐了。無奈千百年來的陋習未除，多數人還是言語猥瑣、應對卑屈。面對上位者一句道理也不敢講。叫站就站，叫跳就跳。那軟弱順從的醜態，好比一隻瘦骨嶙峋、搖尾乞憐的哈巴狗。在鎖國時代，政治氛圍閉塞，人民普遍都是軟弱無力的。這對統治階級來說非但無妨，甚至是好事一樁。因此政府都積極地推展愚民政策，還把民眾的順服視為政績來看。但自我國對外交流伊始，這種現象就變成一大弊端。

打個比方來說：有個膽小的鄉巴佬到橫濱等地去做生意。一進城就被人高馬大、財大勢大的外國人給嚇住了。看到富麗堂皇的外國商館、速度驚人的蒸汽船舶

便驚訝得目瞪口呆。等到眞正開始談生意，更懾服於對方高明的攻防技巧。即便是不合理的要求，也只能愣在一旁，不知所措。明知是門賠本生意，卻無法開口拒絕。最後，不但損失慘重，還白白受了羞辱。這不僅是個人的損失，更是國家的屈辱。或許聽來愚蠢，這卻是商人普遍的奴性。因爲千百年來一直在武士的淫威，法院的喝斥下度日，從未呼吸過獨立自主的空氣。連見到最下級的武士也得尊稱對方一聲「大人」。實在是太懦弱了。連靈魂都已腐朽，怎麼可能在一夜之間重生呢？難怪一見到氣勢十足的老外就嚇得魂飛魄散。這就是對內沒有獨立氣概的人，面對外國人時也必然如此的證據。

三、缺乏獨立精神的人，還會狐假虎威，在背地裡做壞事

幕府時代曾有人假「御三家」[5]之名放高利貸，稱爲「名目金」，行徑非常之卑劣。假如借人錢不還，本應盡力向政府提告。但或許是因爲不敢讓此事暴露，才

5 江戶時代尾張、紀伊和常陸的德川家的總稱。位居諸大名之上。

會以御三家之名進行暴力討債。時至今日，或許已不再有「名目金」的事了，卻不知是否有人開始假借外國人的名義做壞事？目前爲止我還沒有確證，不敢在此論斷，但有道是鑑往知來，才讓我有此懷疑。今後要是能與外國人雜居共處，而有人開始挾其名義作奸犯科，那可就是國家的禍害了。因此，千萬不要以爲沒志氣的國民比較好控制。要知道：災難總是降臨在意想不到的地方。愈沒志氣的國民，出賣國家的可能性就愈高。

以上三點都是國民缺乏獨立精神所產生的弊端。生逢此世，只要有愛國心，無論執政者或老百姓都應先求一己之獨立，若行有餘力再幫助別人。做父兄的應教導子弟，當老師的須輔導學生，要做到士農工商、四民獨立，才能保衛國家。因此，與其百般限制人民，政府權力一把抓，不如徹底解放民眾，讓他們與政府同甘共苦。這樣才是治國之上策。

（明治六年十二月出版）

第四篇

論學者的職責

近來私下常聽到有識之士說：「以現在的智慧還無法預測日本的未來，因此不免有些擔憂。是否照這樣發展下去，日本就會成爲文明大國呢？」也有人說：「日本能否確保國家主權，不再過二、三十年是不會知道的。」甚至因爲有外國人不看好，於是，受他們影響的人就質疑地說：「日本的獨立還眞是充滿危險呢！」

對於這些言論，我們固然不必照單全收，而對自己的國家絕望。但是，假如眞的毫無疑問，這些懸念是不會產生的。現在若到英國去問他們同樣的問題，英國人一定會笑而不答吧！因爲根本不會有人擔心國家的主權問題。我國文明雖然已有一些進展，但身爲日本人對未來還是不免疑慮。當然，和「政」字相關的事是由政府負責的，不過，還有很多事業與政府無關，亟需民眾的努力。因此，認清自己的本分，與政府攜手合作，才能相輔相成，保有國家的獨立。

任何事都必須在平衡狀態下才能維持。食物、空氣、陽光、水是人不可或缺的東西。而且人體會從內部調節冷熱痛癢等來自外在的刺激，以維持穩定的生理機能。現在若突然去除這些刺激，只靠內部的力量運作，健康恐怕一日也不可得。而國家又何嘗不是這樣？政治是管理眾人之事，必須和諧運作，才有健全的國家。執政者好比人內在的生命力，而國民猶如外來的刺激。要是突然去除外部刺激，放任內在力量自理，那麼國家主權就相當堪慮了。所以政府和人民應各自堅守崗位；內外相應，並保持力量的均衡。而瞭解人體的運作，並懂得將這法則運用在國家經濟建設上的人，應該不會對此有所懷疑才對。

觀察現今情勢，我國在「學術」、「商業」和「法律」三方面都落後於外國。偏偏世界文明與這三者密切相關，假如發展不好，將有損國家的獨立。不用智者提醒，這早已是不爭的事實。遺憾的是，我國尚未達到足夠的水準。

明治維新以來，既非我國官員才智不足，也無人不殫精竭慮，但仍有很多地方不如人意。政府已知問題出在國民的無知上，於是致力於學術的振興、法律的修改，並提供商法的指導。有時廣為宣導，有時首開先河，用了各種方法，卻不見卓著的成效。政府專制如昔，人民也依舊軟弱愚昧。即便略有進步，也和所投入的心力與金錢不成比例。癥結就在於國家的發展無法只靠執政者的力量。

或許有人會說：「政府以特殊手段來統治愚民只是權宜之計，等到民眾知識、修養有所提升，再慢慢引導他們發展文明便可。」這話好像有理，實際上並不可行。國人在千百年的專制統治下，根本無法表達自己的意見，而必須靠欺騙自保，用詐術規避法律。當詐術被用做生存之道，說謊變得司空見慣時，羞恥心就蕩然無存了。而既然對扭曲的價值觀見怪不怪，那麼，誰還會有保家衛國的閒情逸致呢？政府為了革除這個弊端，祭出恫嚇、叱責、強迫的手段，但這樣只會導致雙方涇渭分明，上下隔絕，等於是火上加油的反效果。

所謂的spirit，就是風氣。風氣一旦形成，要去除又談何容易？近來，政府已有相當大的改革，但是專制壓抑的風氣卻依然如故。人民也好像得到一些權利了，卻仍和過去一樣卑屈猥瑣。風氣這種東西既看不見又摸不著，更不是用一個人或一件事就得以名狀的。可是它對整個社會的影響卻非同小可。試舉一例說明。現在有不少人從事公職，觀其言、聽其行，發現都是正人君子，其中還不乏令人仰慕的對象。而民眾也並非都是沒有骨氣的愚民；一萬人當中總有一、兩個頭腦清楚、誠實可靠的吧！但是，這些傑出的人物進入政府後，施政表現卻令人不甚滿意。而那些誠實的良民，怎麼一接觸政府就變了樣，有的卑躬屈膝，有的耍弄詐術，不知羞恥，就好像一個身體住著兩個靈魂似的。當個人獨立時，才華與修養都無可指摘，可是當了官卻變愚蠢了。分開的時候是光明磊落的，聚在一起卻變得齷齪下流。於是，政府變成優秀人才一起做蠢事的機構。怎不令人費解？說到底，都是因爲社會風氣壓抑，讓個人才能無法發揮的緣故。這也就是維新後各方面大力革新，卻不見顯著成效的原因。即便如此，「先用一時之計控制人民，待他們智德跟進後再說」的言論仍甚囂塵上。因此，政府或以威權強迫民眾開化，或用欺瞞的手段使民眾向善。但有道是：上有政策，下有對策。政府若強硬，人民就欺騙；政府若欺騙，人民就敷衍。根本不能說是治國上策。而就算政策本身很高明，也無益於文明的發展。所以我才會說不能只靠政府的力量。

現在我們的當務之急是掃除根深蒂固的殘風陋習，但這卻是知易行難的大工程，並非政府的一個口令或智者的一場教誨就能產生神效，而必須有人親身示範，爲民表率才行。至於誰才是適合的人選呢？放眼望去，無論農民、商人、國學者或漢學家都不可能。唯一有能力承擔這個重任的只有洋學者而已。遺憾的是，這些人似乎也不大可靠。怎麼說呢？近來洋學者與日俱增，有的教外語，有的讀譯書，看起來十分努力。但不乏不求甚解，知其然而不知其所以然，或是只懂道理卻沒有行動力去實踐的人。總之，讓人疑慮之處還眞不少。這些人滿腦子想做官，不考慮自行創業。只著墨於升遷之道，卻不知民間還有更多發揮的機會。跟漢學者一樣，不改學而優則仕的陳腐觀念。明明身穿洋學的西裝，骨子裡，卻依舊流著漢學的血液。只要看看洋學者的出路就知道了。他們多半任職政府部門，自行創業者寥寥可數。當然，並非每個做官的都只是貪圖富貴，主要還是受到傳統士大夫觀念的影響，認為從政才是王道，才會有出息。這種行為或許很不可取，但志向本身並不需要痛斥。連眾望所歸的學者先生都如此了，天下人又怎能不競相仿效呢？現在的青衫學子，書還沒讀幾本就急著要當官。想發財的商人手上籌了點資金，就開始假官方名義做買賣。辦學、傳教、牧牛、養蠶等，無一能不取得國家的批准。而且民間企業十之七八都有政府的影響力。拜此所賜，過去的殘風陋習有增無減，人人都以官為貴，對政府既害怕、又諂媚，缺乏獨立自主的意識，種種醜態眞是不堪入目！

現在的出版業和各界對政府的建言也不脫這個路數。即使出版法規並不嚴苛，翻開報紙，還是難得一見針砭時政的言論。而只要有點芝麻綠豆大的政績，就言過其實地歌功頌德。就像娼妓在諂媚恩客一樣。另外，上書建言的文章也盡是阿諛奉承，把政府當鬼神般膜拜，將自己貶爲下賤的罪犯，浮誇虛妄到根本不像同一社會的語言，讓人不禁懷疑寫那樣文章的人是否心智有問題。但是，那些人幾乎都是活躍於檯面上的洋學家，既非娼妓，也沒有發瘋。之所以做出虛僞到令人瞠目結舌的事，是因尚未有人出來提倡民權的緣故。這些人在卑屈的社會氛圍下同流合污，無法表現國民的氣概。這樣看來，日本眞是一個殘缺的國家，有政府卻沒有國民。我說現在的洋學者也靠不住，就是這個原因。

而前面的話若成立，我們就知道：文明要發展，國家要獨立，不能光靠執政者或洋學家，而必須由我慶應義塾的同仁來承擔。首先，我們必須打開創業的大門，爲愚民做出示範。同時，還要超越其他洋學者，率先提出國家發展的方向。或許我們的學識還不算很高，但畢竟已努力多年，在國內也具有中等以上的地位。放眼社會上的諸多改革，我們就算不是領頭者，也是重要的幕後推手。即便沒有實際參與，也都樂見其成。因此，社會大眾早已將我們視爲改革家，並以我們的行動爲標竿。必須注意的是：要開始做一件事時，下命令不如誘導來得好，而後者又比不上親身示範的效果。政府擁有的只是權威，教導和示範才是民間的擅場。因此，我們要先取得在野的地位，或講學授業，或從事商貿，或論法、著述、出版等等，只要合法，不踰越本分，就應付諸行動。假使政府沒有執行力，讓民眾權益受損，就應好好給政府一記當頭棒喝。總之，破除陋習，恢復民權是刻不容緩的事。但話說回來，民間事業種類龐雜，又有適才適性的問題，並非幾個學者就能囊括的。因此，我的目的不在示範一個完美的做法，而要提醒民眾在興辦私人事業時可以發展的方向。畢竟宣講一百遍，還不如舉一次實例有效。各位應明白：世上並非只有國營事業，學者可獨立興學，商人能自行創業。既然政府是我們的，國民非但不應畏懼或懷疑政府，反而應該多多接近，維持和諧的關係。如此，便能逐步找到明確的方向，而上尊下卑的社會風氣也會漸漸消弭。最後，眞正的國民才會誕生，並成爲刺激政府進步的動能，而非政府掌中的玩具。總之，我們要讓學術、商業和法律三大領域都能與政府勢均力敵，進而維持全國的獨立。

以上，我討論了當今學者在協助國家獨立時可走的兩個方向。一是進入政府部門擔任公職，另一個是脫離官僚體系自行創業。而我的結論是支持後者的。細心觀察世間萬物，會發現無利必蒙其害，沒有得必有失。利害得失各半的事並不存在。我鼓勵自行創業並非爲了自己的利益，而是把平日所思所想具體化，提出來討論而已。假使有人不同意我的看法，認爲個人創業有害而無利，請不吝舉實例說明。若言之成理，在下必虛心領教，決不會堅持危害國家的事。

附錄

茲將本篇的幾個問答附記於文末。

第一，「仰賴政府的力量來做事業不是很好嗎？」

讓我這樣回答吧！正文中已經說得很清楚了。發展文明不能單靠政府的力量。官方插足的事業已行之有年，至今卻無甚成效。雖然由民間主導能否成功還不得而知，但理論上是可以期待的，各位不妨一試。沒試過就懷疑也未免太沒勇氣了。

第二，「政府正在鬧人才荒，有能力的人離開，對公務必然造成阻礙。」有關這一點，我的看法截然相反。事實上，現在政府已有編制過剩的問題。整併業務、精簡人事才能提高行政效能。同時，也可讓人才進入民營機構。如此便一舉兩得。假如過度發展官方產業，讓優秀的人才去做無意義的事，那才是愚不可及的。而就算離開政府，只要還留在國內服務，就沒有什麼好擔心的。

第三，「人才若集結在政府之外，必會形成第二勢力，導致政府權力的式微。」

我覺得這眞是小人之見。不論在民間或政府，大家都是日本人，只是地位有別、工作不同而已。彼此是益友而非仇敵，可以相輔相成，共謀全民福利。再說，民間人士若犯法，自有法律制裁，絲毫不必憂慮。

第四，「即使有心自立門戶，還是會擔心一旦離開政府就沒有謀生之計了。」

這根本不是有志之士該說的話。既然自詡爲學者，思考的是民生社稷的問題，怎麼會沒有專長呢？而人只要有一技之長，餬口就不成問題。在官在私應該沒有難易的差別。要是做官錢多事少，那可就名實不符了。貪圖過當的利益絕非君子應有的行爲。不學無術卻僥倖混進政府，就是尸位素餐、浪費公帑，這樣的人還敢高談闊論國家興亡，根本非我族類。

（明治七年一月出版）

第五篇

我寫《勸學》的目的是要當做民間讀本或小學教科書，因此前三篇都儘量使用平易近人的俗語和淺顯易懂的句子。但到了第四篇，預設讀者變成做學問的人，所以除了文體稍做改變，有些用語也比較難。第五篇將明治七年元旦在慶應義塾聚會的談話改寫成文章，難易度自然與第四篇差不多。話說世間的學者雖然膽小怯懦，手無縛雞之力，但佶屈聱牙、艱澀迂迴的文章倒還眞難不倒他們。於是這兩篇便無所顧慮地寫得比較難，自然地，文章讀起來也高尚些。本書原是為了社會大眾的啓蒙而寫的，但如此便失去了初衷，本人對此深感歉疚。是而第六篇起將恢復原有體裁，以簡單明瞭爲最高準則，儘量避免艱澀難懂的寫法，以饗初級讀者。希望各位不要以這兩篇來論斷整本書。

明治七年元旦賀詞

今天我們在慶應義塾迎接明治七年的元旦。這年號代表了我國的獨立，慶應則是本學塾獨立的象徵。在此迎接新年，欣喜之情莫此爲甚。但要是他日不幸失去了這個成果，一定會悲憤莫名。所以我們當深深引以為戒。

縱觀我國古來之治亂沿革，雖歷經多次改朝換代，國家仍保有獨立的地位。這是因為在鎖國政策下的治亂興廢都與外國無關，從未與外國競爭的緣故。就好比一直把小孩留在家中，不讓他接觸外人，那麼，當有一天外出時，適應力必然不好。

就像現在我們突然開始和外國交流了，一切事物莫不與國際有關，凡事都得比較後再做處置。看到外國人的實力，我們就嚇得退避三舍，連想模仿他們也只有望洋興嘆的分。這時才發現我們的獨立基礎實在是很薄弱啊！

一國文明不能只以有形的事物來評斷。學校、工業、陸軍、海軍都是文明的形式，建立形式不難，有錢就可以辦到。但眞正的文明精神是無形的：既看不見、聽不到，也無法買賣，不能借貸，它只存在國民身上，具有非凡的力量。不過假如缺少了這個，上述學校等文明就只是無用的形式。而這究竟指的是什麼呢？就是國民獨立的氣概。

近來，政府廣設學校、大興工業、改革海陸軍制度。大致上已具備了形式上的文明了，可是，卻不見國民加強自身的獨立，增進和外國抗衡的力量。偶爾有接觸外國的機會，卻都還沒深入瞭解，就嚇得頻頻推辭。假使一心畏懼，優點也會無從發揮。所以人民沒有獨立氣概，形式上的文明也只是無用的長物。

我國自古以來，政府總是權力一把抓，無論軍備、學術、工商業，甚至非常瑣碎的事情都要插手。於是造就了沒志氣的國民，光是應付政令就已經疲於奔命。國家像是執政者的私有財產，人民只是食客。對居無定所的食客來說，是不會對暫時的落腳處產生深刻的情感的。這樣當然也就無法貢獻自己的心力了。不僅如此，現在還有更嚴重的問題。世間事總是不進則退，不退必進，不可能永遠保持在某種狀態。觀察日本的現狀，形式上的文明或有進展，無形的國民氣概卻每況愈下。以下請容我針對這個問題做相關論述。

足利[1]與德川幕府時代都以武力宰制民眾。人民對政府唯命是從，是因為無力反抗，而非心悅誠服。也就是假裝服從的意思。但是現在不一樣了，政府有實權也有能力。明治維新至今不到十年，學校、軍隊已大幅革新。此外，積極鋪設鐵路，

1 室町時代（一三九二至一五七三年）的別稱。

提高電信效能，普及石造建築，並架設橋梁等等。決斷力和成效都讓人驚豔。但我們必須注意的是：這些建設無一不隸屬於政府。對於此現狀，有人可能會說：「政府有權威、有智慧，讓小老百姓望塵莫及。由政府從上而下來管理是妥當的，人民只要服從即可。憂國憂民是政府的事，沒有小老百姓置喙的空間。」確實，過去的政府靠武力，現在不僅有武力還有智慧。以前的政府缺乏統治技巧，現在則擅長治國之道。過去的政府打壓民眾，現在的政府收服人心。以前的政府只能管束外在行為，現在連精神層面都能掌控。民眾過去視政府如惡鬼，現在則敬如天神。百姓過去畏懼的是政府的權威，如今，則膜拜他的萬能。假使日後我們仍不改弦易轍，恐怕政府的建設只會更偏向形式面，而人民沒有活力的情況會更甚以往。

例如：現在政府有了常備軍，人民本應對此感到驕傲，並期待國家因此而更強盛，但是民眾卻將之視為威脅而心懷恐懼。學校和鐵路設施也是一樣，原本只要當作國家進步的象徵，引以為傲即可，但民眾卻視為政府的大恩大德，變得更加依賴。面對的是自己的國家都如此戒慎恐懼了，那要如何與外國人競爭呢？因此，人民若缺乏獨立精神，那麼，形式上的文明不但沒有用，反而會促使民心萎靡不振。

準此，我們可知文明發展既不能由上方的政府推行，也無法從下方的百姓產生。必須先由中產階級發動，再與政府攜手合作，爲庶民提示應有的方向，才有可能成功。回顧西洋歷史，商貿和工業的發展多仰賴學者這些中堅分子，而非依靠執政者的力量。例如：蒸汽動力是瓦特[2]嘔心瀝血的發明。鐵路歸功於史帝文生[3]的努力。而首開經濟法則論述，刷新商法的是亞當斯密[4]。這些傑出的學者便是所謂的中產階級。他們既非政府官員，也不是底層勞工，而是以智識來領導民眾的國家棟樑。每當有新想法產生，就試圖集結同好力量，然後公諸於世，增進全民的福祉，進而流傳到後世。政府只要不妨礙他們，適時給予協助，並體察民心之所向即可。文明的發展還是要靠民間努力，政府的責任只是給予保護。而人民應以文明的擁有者爲己任，彼此合作競爭，互相羨慕誇讚。只要有值得驕傲的事，就大方地與全民

2 James Watt，一七三六至一八一九年。
3 George Stephenson，一七八一至一八四八年。
4 Adam Smith，一七二三至一七九〇年。

分享，唯恐被別國專美於前。這樣的文明發展才能增進人民活力，促進國家獨立自主。遺憾的是，我們卻處於截然相反的情況。

放眼望去，目前只有做學問的中產階級能擔當如此之重責大任。但是，這些人要不是缺乏高瞻遠矚，不然，就是更關心自己的前途。也有人因循現在的社會氛圍，把一切都推託給政府。他們爲謀一官半職，不惜中斷學業，終日只爲芝麻小事奔走，讓寶貴的時間和精神都浪費掉了。說起來這樣的事極其可笑，但既然當事人樂此不疲，旁人也就見怪不怪。甚至有人還慶幸這是「野無遺賢」呢！此事固然罪不在個人，而是整體時勢所趨。但對國家來說卻是一大災難。眾所皆知，學者的職責是培育文明，不料他們卻放任意志耗弱不以爲意。怎不叫人仰天長歎，抱頭痛哭呢？

值得安慰的是：我們慶應義塾的同仁尚能自外於這個災難，多年來不失獨立之名，日後更應追求全國性的獨立才對。不過，時勢的影響猶如急流颶風，假使勇氣不夠便很難逆勢而爲、屹立不搖。還可能在不知不覺間隨波逐流，同流合污。畢竟，勇氣並非靠讀書得來；閱讀只是做學問的方法，而學問是做事的條件。尤其，沒有實務經驗的人更難產生勇氣。因此，我們同仁中已具備學術能力的，應當安忍清貧、無畏艱難，努力將知識貢獻於實質的文明建設。無論興辦農工商業、立法修法、著書、翻譯、辦報或出版等，可以發揮的領域實在非常多，大家都應該勇於嘗試。此外，更應爲民表率，與政府合作，以保持官私平衡。如此一來，便能提高國家實力，去除目前的假性獨立，並站在堅實的基礎上與外國一較高下。再過個幾十年，當我們回首前塵時，若能不以今日爲榮，反而覺得可笑的話，那就再好也不過了！希望學者諸君立即設定目標，並且依計畫好好努力。

（明治七年一月出版）

第六篇

論國法之貴

政府是人民的代表，依國民的意志行事。責任是逮捕罪犯，保護無辜。若能不負人民期待，社會便能安定和諧。一般人都有犯罪的是壞人、無罪的是好人的觀念。壞人若傷害好人，好人就必須自保。父母妻小有生命危險時，應抓住對方把他殺掉。有人想竊取我的財物，就要逮住他鞭笞一頓。這種心態看似合理，但問題是寡不敵眾。而就算可行，也所費不貲、沒有效率，應該委任政府處理比較好。如此，官員薪水當然不用說，政府各項支出也須由人民負擔。政府代行國是，而民眾奉公守法，這就是彼此的約定。法律是依自己的意志訂定的，若違法，背棄的就不是政府，所受到的制裁也是自己的決定。這就像一人分飾兩角：一個負責組成政府來代表自己，確保百姓的安全，另一個則依約守法，接受政府的保護。

國民既已委託政府依法行政，當然不能違反契約，破壞法律。逮捕殺人犯、執行死刑是政府的權限；追緝盜賊，羈押入獄也必須由政府來執行。舉凡訴訟的仲裁、暴力的取締，都必須由公權力來執行，民眾不可僭越。私下處決罪犯，或把壞人抓起來鞭打，都是違法的。動用私刑當然罪不可免。文明諸國對此都有嚴格的法令，但基本上是「嚴而不苛」。反觀我國看似很有權威，但民眾懼怕的只是尊貴的政府，並非懂得國法的意義。因此，我要將私刑的弊端和國法的尊貴敘述如下。

假使有強盜闖入我家想要恐嚇取財，我應立即報警，等待政府處置。但事出突然，根本來不及。躊躇之際，眼看強盜已經闖進來搶了錢準備逃跑。這時，主人若出面阻止，可能會有生命危險。不得已只好試著和家人一起制伏他，事後再通報政府。這時用到的棍棒、刀劍，可能會傷及強盜的身體，打斷他的手腳，情急之下甚至會將他開槍擊斃。主人只是爲了保護身家財產，並不是要教訓強盜的無禮或懲罰他的罪行。然而，逮捕強盜畢竟是政府的職權，即使抓住了他也不能動手殺他。連毆打他或動他一根汗毛都是違法的。唯一能做的就是報警，並靜候法律的判決。要是在盛怒之下把他殺了，或者對他暴力相向，那就跟謀殺或對無辜者施暴同罪。再做個假設好了。某國法律規定偷十元者鞭刑一百下，這與踢踹他人臉部的罰責相同。此時，有小偷擅入民宅，偷了十元，可是馬上被主人抓住綁了起來，主人在盛怒之下狠狠踹了他的臉。依法，這個小偷應受一百下鞭刑，而動用私刑的主人也得受相同的刑罰。由此可知國法嚴峻，民眾不能不引以爲戒。

根據以上討論，就知道爲何私自復仇是不可取的了。若有人殺害我的親人，他就變成全民公敵，政府應追捕並制裁這個罪犯，而非百姓有權干涉的，即便是受害者的子女也一樣。否則，就是越俎代庖的行爲，不但誤會了國民的本分，也違反了與政府的契約。假使政府處理不當，或有偏袒罪犯等情事，那就應該對政府提出控訴，無論如何都不能動用私刑。就算殺父仇人近在眼前也一樣。

過去在德川時代，淺野家的家臣爲了替主君報仇，殺了吉良上野介。世間還盛讚他們是「赤穗之義士」。但我認爲這眞是荒誕之至。當時，天下由德川氏掌控。淺野內匠頭、吉良上野介和淺野家的臣子都是日本國民，理應遵守國法，並受政府保護。因一時之誤，上野介對內匠頭做了無禮之舉。內匠頭不知道應該向政府提告，卻想趁怒私斬上野介，因此導致雙方的惡鬥。後來，德川幕府命令內匠頭切腹，卻沒有懲處上野介，顯然判決不公。假使淺野家不服，爲何不向政府抗議？如若四十七個志士同心協力，據實提出控告，即使暴政當局一開始不予理會，甚至惱羞成怒，脅迫或殺害提告者，但只要淺野家四十七個家臣前仆後繼，毫不退縮，最後再暴虐的政府也會匍匐在正義的腳下，進而更審不當的判決，制裁上野介才對。也唯有如此，才能稱做眞正的義士。可惜當時眾人不懂這個道理，罔顧國法，擅用私刑。不但誤解了國民的職分，也侵害了政府的職權。所幸，後來德川幕府嚴懲違法亂紀者，才讓整個事件平息。否則，吉良一族必會想盡辦法向赤穗家臣報仇，這樣下去，唯有等到其中一方被趕盡殺絕，才有可能罷休。這就是無法無天的世界。可見私刑對國家的害處有多大。國人千萬不可不愼！

自古以來，農夫、商人若對武士不敬，武士就享有「殺人無罪」的特權。這是非常荒謬的事，簡直等於公然允許私刑。要記得：唯有政府才能執法，執法者愈多，效力就愈薄弱。比如說，封建時代三百諸侯各擁生殺大權，那時候政府的權限就相對弱多了。

而私刑中危害國政最大的是暗殺。回顧歷史，暗殺多因私人恩怨或財務糾紛，因此，暗殺者自有犯罪的意識。至於另一種暗殺，目的不是了結私怨，而是消滅政敵。但是，天下事言人人殊，難以論斷絕對的是非。以正義之士自居卻動用私刑，就是違法亂紀的行爲。可是這種人不僅不引以爲恥，還宣稱是替天行道。事實上，確實也有人不明就裡地讚許這種行爲。但我不禁要問：替天行道指的是什麼？應該是替上天執法的意思吧！明明與政府訂了遵守國法、受政府保護的契約，爲何不先反省自己是否有立場做這種事？人民若發現施政不當，或有人危害國家，應該理性地提出建言才對。若跳過政府直接替天行道，這個買賣契約也未免錯得太離譜了。這種人或許是誠實耿直的，可惜，徒有憂國之心，卻不諳解決問題的方法。試問天下可曾有過用暗殺來成就大事，增進幸福的例子？

不知國法貴重的人，只因畏懼政府，表面上安分守己，其實寡廉鮮恥，暗地裡幹著齷齪的勾當。這種人還因違法有道，取巧有方而博得眾人好評。現在常耳聞這樣的論點：「雖然國家有這個規定，有那條法令，但是，只要表面上看不出來就沒關係。」鑽法律漏洞彷彿已是公開的秘密。而聽了這些話的人既不以爲意，也不出面指責。更離譜的是，有人直接和政府下級官員勾結，私相授受，卻裝得一付清白無辜的樣子。國家「大法」確實有其繁瑣或不易執行之處，上述劣行歪風恐怕也是在此情況下釀成的。但總歸而言，政治上最大的弊端莫過於這種偷雞摸狗的事了。若把蔑視國法的行爲變成習慣，民眾就會產生不誠實的風氣，並將保護國民的法律視如無物，進而為非作歹。

舉例來說，現在隨地便溺已被法令禁止。但民眾不知此禁令的貴重，只是害怕被巡警取締而已。所以每到天黑就想趁人不備在路上小解。假如不慎被抓，也沒有已經觸法的概念，只會覺得自己很倒楣。這種心態實在令人遺憾。政府立法應力求簡單，一旦制定後，就必須嚴格執行。而人民若發現法律有缺失，造成權益受損，則應毫不避諱地提出異議。否則，就應該確實服膺，不可妄加批判。

上個月我們慶應義塾發生了一件事。自前年以來，華族太田資美先生便自費為本校聘請了一名美籍教師。日前，因聘約將至，必須另覓人選。等前置作業大致完成，與當事人也談得差不多時，太田氏便向東京府提出了書面申請，要聘他做本校的文學教師。根據文部省的法令，私校自費聘用的教師必須有本國本科的畢業證書。但他並不符資格。假使擔任的是外語教師就無妨，若是文學教師則於法無據。因此，東京府便將本案駁回了。為此福澤也上書懇請當局核准，說明這位老師絕對有足夠的專業水準。我還進一步指出：假如採取變通方法，以外語名義申請，或可順利通過，但如此既不符本案旨趣，又是欺騙政府的行為。因此我們堅持初衷，依規定行事。遺憾的是文部省仍以不可擅改法律爲由，斥回了我的陳請案。如此，也使得原本大致底定的聘約成爲一張廢紙。該教師去年十二月已回美國，太田先生的宿願也化爲泡影。這件事更讓本校數百名學生大失所望。而且，這不僅是本校的損失，也間接阻礙了國家的學術發展，實在是令人不快。但因國法爲貴，也莫可奈何。只有期待他日再向政府建言了。

其實，在提出申請前，太田已在內部召開會議討論過這個案子。有人指出：文部省的聘任規定也不出所謂「御大法」的範疇，何不便宜行事，刪除文學二字？深思熟慮，再三商議後，我們仍決定謹守法律，不踰越國民的職分。雖然本案最後失敗了，學生的課業暫時會受到影響，但是，對一個君子來說，任何事都不比欺騙政府更加可恥。這件事表面上只是一所私校內部的枝微末節，似乎無法與國家大事相提並論，但因所言旨趣也與社會教育有關，便附記於文末，以供讀者參考。

（明治七年二月出版）

第七篇

論國民的職責

第六篇論述了國法的貴重，指出國民一人分飾兩角的意義。爲了補充第六篇不足之處，以下我要詳盡解說國民的角色與職責。

每個國民都扮演兩個角色，一個位於政府之下，身分是客人。另一個與其他國民合作成立名爲國家的企業，制定並執行相關法令。此時他就是主人。比方說這裡有一百個人，設立了某某商社，制訂了公司法並付諸實行。此時，這一百個人是商社的主人。而法令既已訂定，全體員工都必須奉行不悖，此時，就身兼這家公司的客人。類比來說，國家是商社，人民就是社員，一人必須盡到主客兩種職分。

首先討論客人的角色。人民本應守法，且不忘人生而平等的宗旨。己所不欲，勿施於人；反之亦然。這就是人同此心的意思。不可爲了自己的好處而剝奪他人的權益。不可貪圖、侵占他人財物。不可殺人。不可誹謗。應謹守法律，遵循人人平等的大義。國法既然是依國政制定的，縱有缺失或不便，也不可違背。與外國開戰或締結條約都必須由政府處理。這是民眾在契約中賦予政府的職權。因此，與國政無關的人就不應妄自批評。要是人民忘了本分，每當不合我意，就恣意抨擊政府，破壞條約，帶頭做亂，甚至引發戰爭，那麼國家必無一日安寧，國政也就不保了。舉上述的百人商社來說，社員本來同意推舉其中十人來管理公司。後來，其餘的九十人對管理階層的決策不滿，於是展開不同的計畫。公司要賣酒，社員卻想賣牡丹餅[1]。還在議論紛紛、僵持不下之際，就已有人賣起餅來了。這些違反商法的人和其他社員起了衝突，害公司無法營運。假使因此而倒閉，損失還是得由全員共同承擔。眞是不智之舉。因此，回到國家的層級來說，縱使國法略有不便，也不能當做不遵守的藉口。發現不公時，應冷靜向政府建言，靜待修法。假如一時不被採納，就應等到合適的時機再做努力。

第二，以主人的身分來談時，一國的人民也就是政府。但是，全民是無法共同執政的，必須設立可依約代行國是的行政單位。這時候人民是家主、是主人；而政府就是代理人和執行者。以百人商社來看，被選出的十個人是政府，其餘九十個是

1 因塗在餅皮上的紅豆餡狀似牡丹花瓣而有此名。

國民。國民雖未直接參政，但身分是這家商社的老闆。十個代表受委託依約定內容行事，所以他們執行的是公事而非私事。現在與政府有關的事都被稱爲「公務」或「公用」，就是這個道理。

承上所述，政府依照與人民的契約，必須讓全民行使相同的權利，沒有上下貴賤之別。並且嚴格執法，一視同仁。假如現在有一群盜賊擅自闖入民宅，政府卻無力制止，那麼政府和盜賊就可說是一丘之貉。若因政府不適任，讓國民或外國人蒙受損失傷亡，無論金額多寡、事件新舊，都必須補償。舉具體例子來說，現在因爲公務員的失職，全民必須負擔三萬日幣的賠償。但政府本身並沒有錢，得從民眾的稅金支出。以三千萬國民來算，一人必須負擔十文錢。如果類似錯誤發生十次，一人得付出一百文錢；一個五口之家就得負擔五百文。鄉下地方的農家若有五百文錢，就可和家人吃上一頓豐盛的晚餐，歡度一個愉快的夜晚。現在卻因官員的疏失，讓無辜的小老百姓連這份簡單的幸福都要被剝奪。豈不是太令人同情了嗎？而言下之意，人民就沒有義務負擔這筆無聊的費用囉？其實，國民身爲國家的主人，一開始就和政府訂好了契約，所以無論盈虧損益，都必須概括承受。當權益受損時才出來議論政府效能不彰是不對的。平時就要費心監督，一發現不妥之處，就該冷靜而無須顧慮地提醒、指正政府才對。

人民是國家的主人，既然對政府有所託付，就該善盡納稅的義務。凡是和政務有關的支出都不該有所不滿。保家衛國的公務員領的是民眾的薪水，海、陸軍事費用也一樣。法院有花費，地方自治也須支出。這些數字加總起來好像很龐大，但全民攤提後，其實算不了什麼。以目前政府總歲入除以全國人口，一人只須繳納日幣一、兩塊，不但不必害怕晚上遭小偷，也不用擔心獨自旅行會被搶。一、兩塊的代價就能換來夜不閉戶、路不拾遺的生活，不是非常划算嗎？我想應該沒有比這更實惠的買賣了。縱觀世間百態，有人好大興土木，有人愛錦衣玉食，也有人喜歡耽溺酒色，或因揮霍無度而傾家蕩產……，眞是什麼人都有。區區一、兩元的稅金和上述這些花費相比，根本是九牛一毛，微不足道。不正當的花費連一毛錢我都嫌多；但只要合情合理，又很划算，不必多想就該欣然付錢。

誠如前述，國民和政府應各司其職，和諧共處。這樣彼此便無可指摘。假如不幸遇到暴虐的政府，那麼，人民採取的行動大致有以下三種可能：第一，扭曲節操，屈從政府。第二，以暴制暴，對抗政府。第三，堅守信念，捨身取義。

首先，我認爲扭曲節操、屈從政府的做法極爲不妥。人的本分是遵守上天的正道。若屈服於人爲的暴政，會將惡例流傳子孫，釀成天下歪風。我國自古以來就一直處於「愚民之上有暴政」的狀態。人民終日在政府的淫威下惶惶度日。因爲害怕被「秋後算帳」，對不當處置只敢怒而不敢言。更別說向政府提出異議，辯明是非了。由於這種手段卑劣，民眾也只能明哲保身，不管政府多麼暴虐都照單全收。久而久之，便形成今日的歪風。這就是屈從政府、禍延子孫的惡例。

第二，以暴制暴的方法也是行不通的。硬碰硬並非一、兩個人能力所及，而必須聚眾結黨才行。於是，內亂就這樣發生了。戰爭絕非上策，一旦開戰，是非曲直就會被擱置，比的只是誰的武力強。古今內亂史上，人民的力量多半不如政府。但內亂一起，必會連原本的政治結構都被顚覆。現行的政府再專制，若沒有任何優點，政權也不可能行之有年。所以，用武力推翻政權，只是以暴制暴、以愚代愚的行爲。追溯內亂的起因，多半源於不滿當時的政權，但我認爲世上沒有比內亂更不合理的事了。它不但會讓友誼破裂、親子反目、手足相殘，還會發生燒殺擄掠、殘佞至極的事。甚至讓人泯滅人性，與禽獸無異。而即便如此還一廂情願認爲讓自己來執政會比較好。我們怎能期待這種人會實施仁政，並將民心導向寬厚之路呢？

第三是堅守眞理，捨身取義。換言之，就是深信天道公理，無論政府多殘暴，法律多苛刻都能忍耐。不動一兵一卒，堅持用正義來對抗暴政。

以上三種方法，只有第三個才是上策。若用道理迫使政府改進，那麼，現行的善政良法就不會受到絲毫損傷。就算意見暫時不被接受，但畢竟有理走遍天下，將來也一定能收服人心。今年不行，就期待明年。但是動武絕對會得不償失。若與政府論之以理，必能逼執政者除弊興利，而不會產生後遺症。而既然目的是在導正政府，只要政府有所改進，就應該停止批判。玉石俱焚的做法可能會讓掌權者惱羞成怒，進而無所不用其極。反之，理性建言或和平抗議就不一樣了。因爲政府也是人所組成的，若看到有人爲國家興亡置個人死生於度外，最後一定會由衷反省，痛改前非的。

這種憂國憂民，甚至捨身取義的行爲，西洋稱做「Martyrdom」[2]，也就是殉道的意思。失去的雖然只是殉道者個人的性命，卻比死傷千萬人，耗費千萬兩的內亂有意義多了。自古以來，日本戰死和切腹的不知凡幾，他們向來被視爲忠臣義士，享有很高的評價。不過，那些多半是雙方主君的政權之爭，或是下屬爲主人報仇。表面上或許很壯烈、很偉大，卻對社會沒有幫助。他們的說法是主人有恩於己，或爲主君失去性命也在所不惜。這種心態在民智未開時或許無可厚非，但是以當代的眼光來看，只能說是愚忠而已。文明的功能是增長智德，自我約束，並在互不妨礙的前提下行使權益，以促進社會的安定繁榮。但是，政爭或復仇沒有一項能達到這個目標。假如打了勝仗，殺了敵人，替主君討回顏面可以提升國家文明，促進工商發達，帶來社會進步，那或許還有可取之處，但事實上決非如此。況且，他們也不具有這種意識，只認爲是命運的安排，想要了結君臣義理罷了。

若說爲主君死就可稱義，那麼現在這種人也很多。舉例來說，有個名叫權助

2 原意是殉教或殉死，在此指爲了正義或公理犧牲生命。

的家臣銜命出門辦事，卻不愼遺失主人的一兩金子。因心懷愧疚，他就把布條[3]繫在路旁的樹枝上，以死謝罪了。想到這位忠僕臨死前的心情，眞是令人同情，甚至讓我想用「出師未捷身先死，長使英雄淚滿襟」[4]這兩句詩來悼念他。遺失主人託付的金子便以死謝罪，這種壯舉和古今忠臣義士相比毫不遜色，既可與日月相輝，亦能和天地常存。無奈的是人心涼薄，世間對權助不但沒有讚頌，反而只有輕蔑。既無人爲他立碑作傳，也沒有人興建殿宇來供奉他。試問：同樣爲主君而死，爲何差別這麼大？我想，世人應該會說：「權助的死只是爲了一、兩錢，根本不足掛齒。」但是，事情的輕重原不應以金錢和人數的多寡論斷，而要看是否有益於文明發展才對。因此，不管殺敵一萬的勇士，或爲一兩錢而自裁的權助都不算爲理想殉道的義士。因爲他們根本不懂捨身取義的意義，也對社會沒有絲毫貢獻，可說是半斤八兩，不分孰輕孰重。

3 原文「ふんどし」，指過去日本男子包覆陰部使用的布料。也指腰帶。
4 出自杜甫詩「蜀相」的最後兩句，是杜甫悼念諸葛孔明的懷古之作。

目前爲止，爲人民權益和社會公理勸諫政府，最後壯烈犧牲的，據我所知只有佐倉宗五郎[5]一人而已。他可說是死得其所，無愧天地的大人物。可惜宗五郎的生平事蹟目前僅止於民間傳說，尚未被人悉心考證，列入正史。若將來我有幸得到相關資料，一定會詳加記載，愼重表彰他的功德以饗世人。

（明治七年三月出版）

5 也稱佐倉宗吾。下總佐倉領的義士。代表村民向江戶將軍直訴領主之橫徵暴斂，後來與妻子同被處以極刑而死。

第八篇

勿以個人意志限制他人

美國人威朗德[1]曾在《道德科學》[2]一書中論及人類的身心自由，大意是說：人的身體自成一個獨立的主體，因此，人可支配自身的事物，並且應該善盡做人的本分。具體內容可分以下五點：

第一，人以身體與外界接觸，藉此獲得所需物資，並滿足個人的慾望。例如：撒種種稻、採棉製衣。

第二，人各有其智慧，運用智慧可產生發明，成就事業。就好比種稻需瞭解如何施肥，製衣須講求織工之法。這些都需要靠智慧來判斷。

第三，人都有慾望，而且會在慾望的驅使下爭取幸福。譬如：無人不愛錦衣玉食，但這些東西並非憑空而降，要靠努力才能得到。人類的活動都源於需求，沒有需求就沒有行動，沒有行動就無法成就幸福與快樂。像禪宗和尚不事生產，便沒有

---

1 Francis Wayland，一七九六至一八六五年。

2 《Elements of Moral Science》，一八三五年。

幸福可言。

第四，人都有至誠的本心，用以節制慾望，維持正確的人生方向。人原本是慾望無窮的，對錦衣玉食的耽溺沒有節度。若要追求慾望，拋棄本分，恐怕除了損人利己也別無他法。但這不是應有的行爲。此時，唯有能夠明辨是非的本心才能幫助人遠離誘惑，遵循正道。

第五，人各有其意志，應本著意志立定志向。世間的成就從沒有歪打正著的。無論好壞，任何事情都是意志的結果。

以上就是人類不可或缺的特質。能充分運用這五項特質，才能達到眞正的獨立。「獨立」一詞聽來好像在說奇人怪物，或離群索居的人。其實並非如此。人生在世並不能沒有朋友，正如我們會想和別人交流，別人也會對我們產生孺慕之情。只要順應天理人情，不逾越本分，就可自在地運用以上特質。至於分際，則是不影響對方自由的意思。若能如此，既不會被人非議，也不會遭受天譴。這就是基本的人權義理。

由以上討論可知：在不妨礙他人的前提下，誰都可以盡情發揮天賦才能。想去哪裡，住在何處，要工作還是要玩樂，都可自行決定。樂意的話就可夙夜匪懈、奮發向學，若不願意，也能暫時清閒無事，飽眠終日。既然和他人無關，就沒有被批評的道理。不然，我們來做一個相反情境的假設好了。有人說：「無論是非曲直，人都必須依他人的期望做事，不可隨心所欲。」要是這說得通，那麼，只要有人的地方應該就能一體適用。舉例來說：天皇的地位比將軍高，將軍應順從天皇，行住坐臥都聽命行事。將軍要行，天皇卻叫他停；要停卻叫他行，飲食起居無一自由。於是，將軍也如法炮製，任意主宰底下的大名諸侯。大名也這樣支配家老[3]。以此類推，家老控制用人[4]，用人支配徒士[5]，徒士命令足輕[6]，足輕就掌控小老百姓。到了老百姓，已是社會最底層，沒人可以使喚了，這樣他們可能有點委屈吧！

---

3 指江戶時代大名家的重臣，統率各級武士，管轄一切家務。一藩有好幾個家老，世襲制。
4 次於家老的家臣，主要負責會計和庶務。
5 日本中、近世時，以徒步負責行列先導的武士。
6 平時負責雜役，戰時擔任步兵，是江戶時代最基層的武士。

這既然是眞理，到世界各地應該都能通行。就像手持念珠念佛百遍，最後一定會回到原來的地方。既然百姓是人，天皇也是人，依上述理論，百姓當然可無所顧忌地支配天皇。天皇要御駕行啓，百姓可以禁止他去；欲留宿行宮，卻命令他班師回朝。如此，起居眠食全部都由百姓來決定。原本的美饌華服要改成布衣草鞋、粗茶淡飯。像這樣，全日本沒有一人擁有自主權，卻擁有操控別人的權力。如此，人就身心異處，自己的身體變成別人靈魂的居所了。就好比將不會喝酒的人身上注入酒鬼的靈魂。把小孩的軀殼裝進老人的心思。盜賊借用孔老夫子的皮囊。獵人的魂魄寄居釋尊的肉身。這樣，明明不會喝酒，卻突然千杯不醉。嗜酒如命的人喝糖水就自得其樂。老年人攀上枝頭玩耍。小孩子拄著枴杖爲人服務。做爲萬世師表的孔子率門生行竊。而慈悲的如來竟然開槍殺生……。眞是莫名其妙，詭異至極的光景。這樣還能說是天理人情，文明開化嗎？恐怕連三歲小孩都能輕鬆回答吧！原來自古以來漢學者用上下貴賤的名分所宣揚的道理，竟是把別人的靈魂植入我的身體啊！他們苦口婆心、淚流滿面的教誨，今日已展現成效，讓大欺小、強壓弱的風氣在世間暢行無阻了。學者先生們終於可以自豪，而神話裡的眾神，周朝的聖賢在九泉之下也能安慰了吧！接下來就讓我將他們的功德列舉一二。

有關政府以強欺弱的情形已於前一章討論過了，在此不另贅言。這裡我要談的是世間男女的例子。男女各自扮演著不可或缺的角色；這世界既無一日可缺少男人，也不能一天沒有女人。彼此的功能相同，差別只是男強而女弱。一個高大的男人和女子爭鬥，前者必定獲勝。男女之別就在這裡。我們稱搶人財物或使人蒙羞者爲犯人，須處以刑罰。但爲何家庭中公然侮辱人的卻未受譴責呢？《女大學》[7]一書寫道：「女人有三從之德。年幼從父，出嫁從夫，年老從子。」小時候聽父母的話還有點道理，但婚後從夫是從個什麼法，可不能不弄清楚。《女大學》提到：就算丈夫酗酒、嫖妓、怒罵妻小，甚至極盡浪蕩，也要謙卑順從，就像對老天爺一樣。此外，還要和顏悅色地勸導他。但這樣做的結果如何？因爲沒有下文，便不得而知。不過依內容來看，大概不脫以下的意思：淫夫也好，姦夫也罷，既然已經締

7 江戶時代廣泛用於女性修養的教訓書，提倡封建道德。享保年間（一七一六至一七三六年）出刊。一說是貝原益軒之作，但也有不同見解。

結了婚姻盟約，無論受到多大的羞辱也得順從。就算違背本意也必須好言相勸；這是女人唯一的權利。至於接受與否，要看他老爺高興。反正淫夫的心情就是天命，做女人的只能聽天由命。佛經上說：女人罪業深重。這樣看來，女人確實一出生就犯了滔天大罪呢！而對女人更苛刻的還在後面。《女大學》說女人有七出之罪。事實上也有「淫亂則休」的明確判例。這種論調對男人來說眞是方便，但也未免太不公平了吧！說到底，這就是以生理上的優勢片面決定男尊女卑的理論。

接下來要談納妾的問題。世上男女比例原本應該差不多，但根據西洋的研究，男性卻比女性多，大約是二十二：二十。因此，一個丈夫坐擁二三妻妾是違背天理的。要說是禽獸也不爲過。所謂同父母者稱爲手足，父母、手足同居共食稱爲家庭。但如今，父親是同一人，母親卻不是。一父眾母，妻妾成群，這樣能說是人類的家庭嗎？根本就不成家的字義。這樣的話，不管宅邸再寬敞，房間再舒適，依敝人之見，都沒資格稱爲家，而是牲畜的小屋。開天闢地以來也沒聽說妻妾共處而能幸福和樂的例子。其實，小妾也是人家的孩子，男人爲了一時私欲，將人子如禽獸般對待，不但敗壞風氣，危害子孫，還會禍延天下，遺毒後世。我們能不罵他是罪人嗎？或許有人會說：「豢養妻妾者若處置得宜，便不會損傷人情義理。」本人覺得這眞是男人一廂情願的想法。假如他言之有理，那麼情況倒過來也該行得通才對。試想一婦豢養眾夫，稱爲男妾，列於家中二等親，情況又會如何？假使這樣也能保家庭和樂，對外又無礙於社會倫理的話，我自然會閉嘴，不再饒舌。還望天下男子好自爲之。

此外，或許有人會說：「納妾是爲了傳宗接代。孟子說：不孝有三，無後爲大。」我的回答是：「只要是違背天理的謬論，哪怕孔孟也無須客氣，但稱罪人無妨。」娶妻未生育怎能說是不孝？用作遁詞也未免太牽強了。只要是頭腦正常的人，絕對不會相信孟子這種鬼話。所謂不孝，應該是指子女違背正道，做了令父母心痛難堪的事才對。當然，能夠含飴弄孫，做長輩的必然會非常喜悅。但不可因尚未有孫子承歡膝下，就罪責兒媳的不是。敢問天下父母，有誰會生這種氣，甚至要與兒子、媳婦斷絕關係的？世界之大，無奇不有，本人卻從未聽說過。所以，對這種無稽之談，實在無須浪費力氣辯駁。大家只要捫心自問就會有答案。

人看到不認識的長輩，都知道要有禮貌，何況是自己的父母。孝順本來就是本分，與名利無關。人人都應該用至誠的心，反哺父母的生養之恩。自古以來，中、日兩國勸人行孝的故事很多。除了最著名的二十四孝，相關著作不計其數。但是，內容十之八九若非難以實行，就是愚不可及或荒誕不經。有的例子明明違背常理，卻被大爲推崇。像臥冰求鯉的故事便是。試問人的體溫怎能融冰？還有人爲了不讓父母被蚊子叮咬，夏夜裡將酒澆在自己身上。要是他有錢買酒，應該直接拿去買蚊帳才對。再舉一個更極端的例子。有一個人沒有工作，無法奉養父母，就把自己的孩子活埋了。這行徑簡直比蛇蠍惡魔還可怕，再也沒有更違逆天理的事了。前面提到不孝有三，無後爲大。那麼，活埋已經出生的小孩和沒有生育比起來，究竟哪個比較不孝呢？豈不是前後矛盾嗎？

總之，這些孝行說只是以親子之名，行尊卑之實罷了。眞是欲加之罪，何患無辭？看這類責備子女的話，大意是母親受懷胎、分娩之苦，且孩子生後至少三年都育於父母襁褓之中，可說親恩浩瀚……。但是，生養子女並非人類獨有的行爲，禽獸也是一樣。但人類和禽獸的差別在於養育之外的教育；父母必須讓孩子知善惡、明是非，懂得待人接物的道理。不幸的是，世間父母多半只知生育而不諳教育。更糟糕的是父母自己不知檢點，給子女做了放蕩無賴的壞榜樣。等到傾家蕩產、貧病交迫，再來要求子女盡孝。這樣未免也太厚顏無恥了。有的父親貪圖兒子的財富，而做婆婆的就虐待媳婦，總之，就是以父母的權威來控制孩子。自己不明事理，卻不聽晚輩的心聲。害媳婦彷彿墜入惡鬼地獄般，飲食起居都不得自由。而且若稍有不順翁姑之意，便得不孝之罵名。外人看了或許不以爲然，但因事不關己，多半會偏袒父母，一起譴責兒子、媳婦。有的則偷偷傳授世間達人的絕招，教晚輩怎麼唬弄父母。嗚呼哀哉！這樣能說是家庭的應有之道嗎？過去我就說過：「所謂殷鑑不遠。做婆婆的應想想自己以前的辛苦，千萬不要有媳婦熬成婆的念頭。」

本文以夫妻、親子爲例，論述了假上下尊卑的名義衍生出來的問題。這些弊端橫行於世，影響到各層面的人際關係。至於其他例證，就留待下一篇再說吧！

（明治七年四月出版）

第九篇

論學問的兩種旨趣，贈中津老友

若仔細觀察可發現人類的身心活動分爲兩類。第一是個人的活動，第二是群體的活動。

第一，勞動身心以追求食、衣、住、行的滿足稱爲個人的活動。天地萬物無一不能滿足這種需求。播下一粒種子，可結兩、三百倍的果實。深山裡的樹木無人栽種也會自然生長。風力可推動風車，大海可運輸貨品。挖掘煤礦，汲取江河湖海裡的水，點火產生蒸氣，以便舟車運行。種種造化之妙，不勝枚舉。人類在九十九分的自然庇蔭下，只要加上一分的努力便可。就好像撿起路旁的東西使用，不能說是自己的功勞。

由此可知，人要滿足生活需求並非難事。而成功了也沒什麼好自誇的。古人說「人要流汗勞動，才能溫飽。」能夠獨立是很重要的，但光是獨立並未完成人類的使命。這句話只是叫人不要連禽獸都不如而已。畢竟鳥獸蟲魚無一不能自給自足。連螻蟻都知道未雨綢繆的重要，會掘穴做窩，備糧以過冬。無奈世間就是有人甘於螻蟻之列。舉例來說，男子成年後，有的做工，有的做生意，有的當官。漸漸地，柴米油鹽都能自理，不用依賴親戚朋友了。若不是賃屋而居，就是簡單蓋一間小屋擋風避雨。尚未備妥家具也要先成家再說。於是如願娶了個年輕的妻子，開始過著儉樸自持的生活。然後，小孩接連來報到了。不過，只提供基本的教育條件，倒也花不了多少錢。爲了應付生病等急需，手邊隨時準備個三、五十元不成問題。因早早就做了長遠的打算，家庭過得還算幸福美滿。至此，當事人便開始感到自豪。而社會也讚許他是「獨立不羈」的人物。其實，這眞是大錯特錯。說來這種人不過是螻蟻的門生，一生完成的事並不出螻蟻之右。他爲了衣食溫飽，安居樂業，確實努力工作，流汗辛勞，無愧前人的教導。但怎樣都很難說已完成了萬物之靈的使命。

如上所言，活者若只爲解決食、衣問題，人生便只是一連串的出生和死亡；臨死前和出生時並沒什麼兩樣。假使子孫也如此，那麼，就算經歷幾百個世代，村子也不會有發展；造船、架橋等公共建設都是一片空白。假如與自家無關的事就漠不關心，怎麼可能留下生活過的痕跡？西方人有句話說得好：「人若安於小小的滿足，世界可能與洪荒時無異。」當然，所謂的滿足也有兩個層次，不能混爲一談。

得到愈多，想要更多，完全不知饜足，稱爲貪婪或野心。但若連勞動身心，努力達成應有的目標都不願意，就叫做無知愚蠢了。

第二，人類愛好群體活動，不能離群索居。光有夫妻和親子間的互動並不能滿足這種需求，還必須廣泛與人交流才行。普遍來說，社交範圍愈廣，人就愈有幸福感，這正是人際關係的起源。身爲社會的成員，人自然有相關的義務。舉凡學問、工業、政治、法律都是爲了人的需要而存在的。假如人與人沒有交流，這些也就沒有意義了。政府立法的目的是爲了防備壞人，保護好人，並使社會順利運作。而學者著述講學除了要傳授知識，也在確保人際的交流。古時候中國人說：「治理天下要像分配肉食一樣公平。」「不要只剷除自家庭院前的雜草，要剷除天下的。」都是在鼓吹爲社會服務的理想。雖然人有能力高下之分，但誰都會想貢獻自己的心力。就算當下沒有意識到會利益眾人，但在不知不覺之間，後世子孫也會蒙受這份恩澤。人類本具這種性情，故能達成應盡的責任。假如情況是相反的，那麼，我們今天就無法享受文明的好處了。父母身後的財產謂之遺產，這些僅是土地或金錢。物質的東西一旦失去就毫無痕跡了。但世界文明卻不是。我們可以把古人視爲一個整體，他們留給後世的遺產範圍既廣，影響又深遠，決非土地與金錢可以比擬的。但是，這麼大的恩惠，現代人卻找不到特定對象去感謝。就像人需要陽光和空氣，卻不用花一毛錢；文明遺產不屬於任何人，是古人留下來的智慧恩澤。

開天闢地之初，人智未開，就像呱呱墜地還沒有知識的嬰兒一樣。古時候要搗碎收成的麥子，用的是未經處理的石頭。後來，有人將石頭磨成扁圓狀，在中心鑿一個小洞。先將一片置於下方，把一根木頭或金屬棒子穿過，再放上另一片。然後，把麥子放進兩片石板間，轉動上方的石片，讓下壓的重力把麥子磨成粉。所謂石臼於焉完成。過去靠的是人力，後來不但外形漸次改良，還開始用水力、風力或蒸汽動力，於是就愈來愈輕鬆了。任何事都是一步一腳印，慢慢發展而成的。昨天覺得方便的東西，今天就嫌落伍了。去年才問世的發明，今年便了無新意。而西洋諸國發展的腳步更是從未停歇。從電信、蒸氣，再到各種機械，每天推陳出新，不斷升級。而且新奇的不只物質，隨著人智開化，人際交流也愈來愈頻繁，愈來愈和睦。國際法的提倡，使戰爭不再輕易發生。當經濟論述盛行，政治、商貿的風氣便隨之革新。接著，學校制度、著述體裁、政府的協商、議會的問政等素質都提高了，未來發展不可限量。翻開西洋文明史，先讀到西元一千六百年，再從一千八百年開始讀起，誰都會很驚訝在短短兩百年間，竟有此長足的進步，讓人很難相信是同一國的歷史。而促成如此發展的，就是前人的遺產與庇蔭。

我國文明的養分最早來自中國與朝鮮。後來國人努力琢磨，才發展到今日的水準。至於洋學的源頭，可溯及寶曆年間[1]。相關資料請參閱《蘭學事始》[2]。晚近與外國交流開始，西洋學說漸漸普及。洋學教師和譯者與日俱增。因人心思變，也促成了政體的改革，廢除藩制，發展文明。這些也應歸功於先人的嘉惠。

我們知道，過去有才能的人都不吝貢獻社會。他們不以解決食、衣、住、行的問題爲滿足，心懷壯志爲眾人服務。當今的學者既然繼承了先人的遺產，站在進步的基礎上，就更不應自我設限。但願數十星霜之後，子孫們也能享受我們的貢獻，

1 江戶時代中期，一七五一至一七六四年。

2 西元一八一五年，高齡八十三歲的杉田玄白回憶蘭學草創時的點點滴滴所寫的手記，分爲上、下兩篇。

如同我們現在感激古人一樣。總之，我們要留下認眞活過的痕跡，將美好的文化遺產留給子孫。這目標可說是任重而道遠，怎能只讀了幾本書，做生意、做工或當個小小官員，一年賺個幾百塊就滿足呢？這樣只是沒有害人而已，談不上對社會有什麼貢獻。當然，成事還是有時機的問題。古往今來也有不少人因爲時機不對而無法成功。我的故鄉中津，人才輩出，若以今天的眼光來看，部分的人言行、方向或許並不盡正確，但這並非個人的罪過，而是時代使然。他們也不是沒有行動力，卻因時不我予，空有本領也不能發揮。有的人甚至因此抑鬱而終，實在遺憾之至。

所幸現在時勢已大爲不同，因西洋思潮的盛行，不但舊政府被推翻了，諸藩制度也已廢除。我們不應只將這些視爲戰爭的結果。畢竟文明的影響不是一場戰爭就能終止的。這種變動是文明激勵下的人心之變。七年前戰爭就已結束[3]，戰爭的傷痕或許已經了無痕跡，但人心之變還正在進行。任何東西若固定不動就無法引導，但人心已在求新求變，因此，現在正是鼓吹學問的大好時機。諸君既然有幸生逢此

3 明治二年五稜郭之役，被視爲維新之戰的句點。

世，務必要爲國家的發展好好努力。

第十篇將延續這個主題。

（明治七年五月出版）

第十篇

續前篇——贈中津老友

前一篇已將學問的旨趣分兩類論述過了。內容大致是說人不能安於一己的衣食溫飽，應該有更大的使命。要積極參與群體活動，善盡社會成員的責任。

追求學問應先立定高遠的志向。洗米炊飯、燒水沐浴有其學問，論天下之經緯當然也是。但維持一家的生計簡單，操辦經世濟民之大業就很困難了。人世間容易得到的東西多半無甚價值，而入手不易的都比較珍貴。遺憾的是，當今求學者多有趨易避難的通病。過去在封建時代，社會階級固定不變，有學問也無用武之地。於是只好繼續深造。固然學習方向不甚正確，學問廣博這一點卻非時下青年得以望其項背的。但如今時代已大爲不同，學到什麼幾乎馬上就可以派上用場。例如：洋學生學了三年便能懂得歷史、物理學。如此，既可辦學校、教洋學，也可到他校講課，還能進公家機關一展長才。另外，有人選擇抄捷徑，想辦法靠譯本得到國內外新知，再盡快找機會做官，馬上搖身一變爲有頭有臉的人物。若這種取巧的做法形成社會風氣，國家的學術水準就會停滯不前了。爲求簡單明瞭，以下我要用金錢來舉例說明，若有粗俗之處還請讀者多包涵。

私塾的學費一年不過日幣一百元；三年總共投資三百塊。學生們打的如意算盤是畢業後一個月能賺個五十到七十元。有的人取巧，連正式入學都沒有，只靠拾人牙慧或聽來的學問進政府當官。這樣就連三百塊資金都省了，根本是無本生意。世上沒有比這更划算的買賣了，恐怕連放高利貸的都自嘆弗如吧！所謂需求決定價格；現在從政府到民間，無不急需洋學者的效力，他們會炙手可熱也是理所當然。我並不是在說洋學者貪婪，也無意識諷那些出大錢的人是傻瓜。只是希望大家再多用功個幾年，等到學識有更高水準再入職場，這樣對社會的貢獻會大得多，而日本各地才能分配到德智均優的人才，足以和西方先進國家一較高下。

現在做學問的人目標何在？難道不是追求「獨立不羈」之大義，恢復自主自由的身分嗎？其實，「自由獨立」包含「義務」的概念。單單在生活上不依賴他人並非獨立的全貌，充其量這只是完成了「內在的義務」，還要善盡「對外的義務」才行。也就是說，日本國民必須通力合作，追求國家整體的自由和獨立。如此，才能說內外的義務都盡了。維持家庭的運作只能稱為獨立的一家之主，不能說是獨立的日本人。現在的社會只徒具文明的形式和虛名，缺乏實質的內涵；也就是說，國民的精神仍然貧瘠而頹弱。試問我國當前的海陸軍有實力打敗西洋的船堅砲利嗎？我們的學術水準有何領域能讓西方世界仿效呢？答案都是否定的。反而是我們在向西方學習，憂心會追不上他們。對外，派遣留學生出國學習，對內，積極延攬外籍教師。從政府各部會至下級官廳、學校，乃至諸府諸港[1]無不倚重他們。每當民間企業和私立學校要推動新計畫，必先高薪禮聘外籍人士。「截長補短」是我們常掛在嘴邊的話，好像自己無一是處，而對方完美無缺似的。

當然，在數百年的鎖國之後，突然開始接觸外國文明，會如水火相交般震撼。為了盡快適應時代的鉅變，必須積極延攬西方人才，購置先進機械。因此，暫時仰賴西方無可厚非，但這終究不是長遠之計。或許我們可以自我安慰只是先應應急，問題是到底要多久？當然，要確知自給自足的方法是非常大的挑戰，目前只能等待學者諸君完成學業再說。這正是你們責無旁貸的使命。任用外國人是為了彌補

1 指三府五港。三府：東京、大阪、京都三府。五港：橫濱、神戶、新潟、長崎、函館。

人才的不足。向外購置機械目的在提升國內的工業水準，所以，把國家財富貢獻出去也情非得已。但這既是全國的遺憾與損失，也是學者應該感到羞慚的事。話雖如此，並不代表我們沒有希望。若沒有希望，人就不可能進步。只要期待明天會幸福，就能安慰今天的不幸。把希望寄託在明年，就能忍受今年的辛苦。過去，受陳腐思想與封建制度的綑綁，有志之士也找不到努力的目標。如今已截然不同，舊有的限制已一掃而空，新世界的大門正爲學者而敞開，到處都有施展長才的機會。務農、從商、研究、做官、著述、辦報，或教授法律、學習藝術、振興工業、設立議會等。文武百業，無一不可。我並不是要大家在國內兄弟鬩牆，而是要把競爭對手放在外國人身上。假如我們能在這場智慧之戰獲勝，國際地位就會提升；反之，必會下降。因此，這個期望很高，目標也很明確。凡事自有其優先順序、輕重緩急，只要是對國家發展不可或缺的事，就該立即獻身，努力研究。既然瞭解自己的社會責任，就沒有袖手旁觀的道理。希望學者諸君發憤圖強才是。

承上所述，有志向學的人決不能以基本的學校教育爲滿足；志趣一定要提高，學識務必要精進。假如身邊沒有志同道合的人，就要培養獨當一面的氣魄。我向來對那些只知治人而不知修身的和漢古學者沒有好感。也在本書開篇就主張萬民平權的理念，也論述了恪盡職守、自食其力的重要。但需要注意的是，維持一己的生活尚未完成「學問」的旨趣。比方說：這裡有個耽溺酒色的無賴好了，要引導他回到正途，首先，必須對他祭出禁酒、禁止閒蕩的命令，並讓他有正事可做。在還沒有完全戒除酒色之前，和他談論家業是沒有意義的。即使他後來改邪歸正了，也算不上有什麼德義，充其量他只是沒有害人而已，連是不是個無用長物都還很難講。必須要等到他開始養家活口，對家庭有貢獻了，才算得上是一個正當的青年。自食其力的意義也一樣。我國士族以上的階級，受惠於千百年來的封建制度，既不知民生疾苦，也不知財產從何而來，都把不勞而獲當作天經地義的事。他們就和耽溺酒色、醉生夢死的人如出一轍。我們又該如何對待這種人呢？我想，除了給他來個當頭棒喝，逼他自立更生之外，沒有更好的方法了。要勉勵醉生夢死的人努力向學、貢獻社會是不可能成功的。所以我才會堅持先求自立，而不直接勸學。學者諸君應該知道我的話是說給那些好吃懶做的人聽的。遺憾的是，近來耳聞故鄉中津老友中有人學業未成就想出外謀事。當然，生計的重要不可輕忽，人的才智也有高低之分，有些人早點決定方向也未嘗不可。但假如大家都受此風氣影響，只追求個人生計的滿足，再有才華的人恐怕也會埋沒在五斗米之中。這樣一來，小則個人憾事，大則國家損失。維持生計固然不易，但與其早早出社會賺點蠅頭小利，不如先節約勤奮，期待學業大成後再貢獻社會。

各位既然要研究，就要做出大學問。要務農，就應發展大規模農業。要從商，就應做大事業，千萬不要畫地自限。粗茶淡飯不能嫌苦，寒冬酷暑都要忍耐。有需要時可以搗米、砍柴，一邊工作也能逐步完成學業。而且，不是只有昂貴的西洋料理才能入口，嚼粗麥飯、喝味噌湯也可以學到西洋文明的精髓。

（明治七年六月出版）

第十一篇

論「名分」生僞君子

我在第八篇討論了上下貴賤的「名分」對夫妻與親子產生的壞處，以及其他諸多弊端。追溯「名分」的起源，表面上確實是強欺弱、大欺小，但原本倒不一定出於惡意。自古以來，爲政者都認爲百姓是愚昧而善良的，因此，若要拯救、教化他們，首先必須使其順服，不要有自己的想法。爲政者活用歷史經驗，把一國的政治、村莊的管理、商店的經營或家庭的經濟都類比爲親子關係，並期待上下能夠同心協力。

我們知道做父母的不能放任十歲左右的小孩隨心所欲，而會安排好他們的食、衣、住、行。孩子只要聽話，天冷時自有衣服穿，肚子餓就有飯吃。一切就像從天而降，需要時馬上得到。孩子對父母來說是無價之寶，因此，教導、讚美或責備，無一不出自至誠之心。親子間有上下「名分」仍然可以非常親密和樂。但若要把這種模式套用在社交關係上，那就有待商榷了。這種想法乍看有趣又不無道理，其實存在著很大的迷思。因爲親子模式只能實踐在思想成熟的親生父母和十歲左右的孩子之間，不是自己的小孩就會有執行上的困難。而即便是親生子女，年滿二十歲之後的對待方式都需要慢慢調整，何況國家、村莊、政府、公司等，彼此是成年人又是他者之間的關係，硬要複製親子模式，當然會難上加難。即便如此，有人還是認爲可行，想試試看。這種想法其實很正常，也正好是「名分」概念和專制制度的起源。所以我才會說：名分的立意並不壞，只是它是從想像中勉強製造出來的。

亞洲諸國稱國君爲父母，稱人民爲臣子或赤子。政府行牧民之職，中國有些地方官還被稱爲牧者。所謂「牧」字，原是豢養獸類的意思。把人民當牛、羊看待就算了，還公然說出來，豈不是太失禮了嗎？其實，就如前面說的，這和對待子女的概念一樣，並沒有惡意。只是這想法若要執行，首先，必須確定有聖明的君主，而他拔擢的人都賢良方正，既無私心亦無貪念。心如清水般透澈，行如箭矢般剛直。懂得推己及人，愛民如己。飢餓時使民飽飫，危難時立即救援。在政府的扶助與撫育下，百姓衣食溫飽，行住安樂。更在德行教化中如沐春風。政意之推行就如風行草偃。君心柔軟慈悲如木棉，而民心如孩童般天眞，對政府百般信賴。上下一體，同心同德，好一個謳歌太平的極樂世界！

但仔細想想，政府和人民並非血親，而是不相干的人。當然不能把情感當做互動的基礎，必須制定規則並確實遵守，才能保持關係的和諧。這就是國法的由來。前面提到聖明的君主、賢良的官員和順服的百姓，但回顧歷史，有哪個學校曾造就過這樣無瑕的聖賢？又該怎樣做，才能教育出這麼好的人民？中國自周朝以降便戮力於此，卻未曾實現過想像中的太平盛世。如今，他們不是處處受到外國人的壓迫嗎？可是，那些假扮神仙的聖賢依舊不諳大局，好比藥方無效還再三服用，一味勉強百姓接受那些雕蟲小技，反而讓恩惠變成困擾，仁政變成了苛法。這樣還能謳歌太平嗎？要的話請自便，我想是不會有人附和的。這是鄰國的事，原本與我無關，但論點實在太荒謬，讓我忍不住捧腹大笑。

而且這種狀況不限於政府，商家、學塾、神社和寺廟也都常見。以商家爲例，老闆才是最熟悉店務，掌理總帳的人。即便底下有員工各司其職，但因凡事都按老闆吩咐，便無人瞭解經營的全貌。薪水是固定的，聽命行事就好。既然看不到總帳，賺賠盈虧當然不得而知。每天都在觀察風向：看到老闆笑嘻嘻的，就知道生意不錯，要是虧了錢，肯定眉心緊皺。員工只關心自己動過手腳的帳本不要被發現，至於其他事就一概不管了。因此，即使老闆眼力精準如鷲，也看不出有人做怪。直到有一天，原本忠心耿耿的員工捲款而逃或生病猝死，查帳後才發現原來早就被虧空了。此時，老闆才來埋怨人心靠不住。老實說，靠不住的並非人心，而是這個制度。老闆和夥計都是不相干的成年人。有獲利不分紅，還把他們當小孩使喚，當然行不通。所以我說：靠不住的是「名分」這個想法。

誠如前述，專制體制就是在上下貴賤的名分下產生的。這個體制釀成爾虞我詐的風氣，且慢慢橫行於世。而罹患這種病的人就叫做僞君子。封建時代大名的家臣表面上都很忠心，君臣之間的上下分際十分嚴明。行禮時依身分有門裡門外之別。亡君忌日的前夜必躬謹茹素。公子誕生時會著正式禮服道賀。新年的慶祝儀式和主君家寺廟的參拜也無人缺席。經常掛在嘴邊的是「貧賤乃武士之常；報國是武士的本分。」或「食人之食者死人之事。[1]」一副隨時能爲主君赴湯蹈火的樣子。這種煽情的言論或許可以騙過一般人，但只要冷靜想想就知道根本是僞君子。假使這家

1 語出《史記・淮陰侯列傳》。是韓信的話，意指「人分食給我，我就應爲人的事業而死。」

臣安分守己，爲何家裡還有餘錢？除了薪俸與津貼，照理說不該有其他收入才對。收支相抵還多出錢來是非常奇怪的事。不管回扣或收賄，都是詐主君的行爲。負責土木工程的奉行[2]向工匠討謝禮，或是會計官員向承包商索賄就是最明顯的例子。而且這在各藩之間已是公開的秘密。嘴巴上爲了主君可以馬革裹屍，私下卻趁職務之便中飽私囊，眞是金玉其外，敗絮其中。難得遇上一個正直、沒有收賄風聲的官員。但說實在的，他只是沒偷錢而已，原本沒什麼好稱讚的，卻因僞君子太多而顯得難能可貴。社會上之所以充斥著僞君子，都是因爲長久以來有一種妄念，認爲「世上都是容易控制的好人」。這個觀念形成了壓迫人民的專制體制，但最後，上位者卻被底下的人恩將仇報。總之，世上最靠不住的就是名分，而流毒最大的不外乎專制與壓迫了。

或者有人會說：「這些惡行要一一舉例的話確實數不勝數，但也不能一竿子打翻一船人。我們日本是講究義理的國家，自古以來爲主君捨身取義者不知凡幾。」

2 寫做「普請奉行」，室町、江戶幕府的官職，掌理土木工程。

我的回答是：這或許言之成理，歷史上並非沒有忠臣義士，但問題是少得不成比例。元祿年間[3]俠義風氣鼎盛，七萬石的赤穗藩號稱有四十七名義士。七萬石的領地大約是七萬人。七萬人當中的四十七人，相當於七百萬的四千七百人。但時光荏苒、物換星移，俠義心也隨之凋零。假使和元祿年間相比，現在低了三成，七百萬人中就是三千二百九十人。現在日本約三千萬人，故有一萬四千一百個俠義之士。各位認爲這個數字足以保衛全日本嗎？我想連三歲小孩都知道吧！

以上討論可知名分的概念是行不通的。爲避免讀者混淆，在此另贅言幾句。所謂的「名分」只是虛矯的名目。既是虛名，上下貴賤之別便全無用處。但這有名無實的「名分」確實伴隨著實際的「職分」，若謹守職分行事，名分之說倒也無妨。例如：政府的職分是負責全國帳務，掌理眾人之事。而人民如一國之金主，必須負擔國家支出。文官要議法，武官要作戰。學者、商人也各有各的任務。問題是，若有一知半解的冒失鬼，聽到不需要名分了，馬上就忘記自己的職分。人民開始破壞

3 一六八八至一七〇四年。

法律，政府阻撓民眾事業的發展。軍隊不知分寸妄議政事，引發戰爭。文官受到武力威脅，對武官言聽計從。這樣豈不造成國家大亂？總之，誤認自主自由的眞意，可能會引發無政無法的暴動。名分和職分乍看很像，卻是截然不同的東西。學者諸君切莫混淆才是。

（明治七年七月出版）

第十二篇

論演說的提倡

演說的英語是「speech」，是在眾人面前闡述己見的意思。我國自古以來並沒有這種傳統，寺院裡講說佛法算是比較接近的。西洋諸國演說風氣盛行，從政府的議院，學者、商人和市民的集會，乃至婚喪喜慶、開業展店等大小事情，只要有十幾個人聚在一起，就會向會眾陳述集會目的、生平主張、或即席的所見所聞。重要性不言可喻。我國現在已有議會之類的組織，但若不能陳述意見，有議會也沒有用。

不論事情的重要性如何，演說這種口語表達方式本身就很有吸引力。有些用書寫顯得無趣的事，若改用口說，既便於理解又引人入勝。古今的名詩名歌也屬於這一類，若把韻文改寫成散文就索然無味了。保留原本的格律與體裁才能表現美感，並激起共鳴。因此，意見能否迅速有效地傳遞，和採取的方法密切相關。

眾所周知，學問並非只是一個學科，重要的是能夠活用。無法活用就跟沒學問一樣。這裡有個例子。曾有學生到江戶學習朱子學，多年來夙夜匪懈、孜孜不倦，終於完成數百卷重要的手抄本。他想這樣應該夠了，便走東海道回鄉，把全部的手抄本裝進行李，託付海運。不幸船隻竟然在靜岡外海遇難。最後，雖然他回到家了，學問卻悉數付諸東流。正所謂「本來無一物」，他的蒙昧無知也一如往昔。現在的洋學者也讓人有這種疑慮。看他們在都會求學的樣子，不得不稱之爲學者。但若現在突然沒收他們的原文書，打發他們回鄉去。恐怕見到親友時，有人會說：「唉呀！我的學問都留在東京了。」那可眞是一大奇談。

學問本來的旨趣並不在讀書本身，而在精神活動。要能活用所學，必須下各種功夫。「observation」是對事物的觀察，而「reasoning」是推論並陳述己見。當然，做學問並非只有這兩種方法。閱讀、著書、與人交談以及陳述己見等方法都試過了，才能說自己是求學的人。換言之，透過觀察、推理、閱讀可增加智慧，而談話可進行意見交換。至於寫作和演說，就是將知識見解傳遞出去的手段。有些可以獨立作業，但交流與演講就一定要有別人參與才行。從這裡也看得出演講的重要性。

目前國人最堪憂慮的就是見識淺薄的問題了。學者有責任協助民眾提高這方面的水準。而既然已明白談話與演講的重要，本該付諸行動才對，現在普遍看來情況卻剛好相反。這無疑是學者們的怠惰！世間事都分爲內外兩面，必須兼顧，缺一不可。但現在的學者多半專務於內，不知向外發展。這是必須深切反省的。總之，求學必須對內觀照，態度嚴謹，一如水崖般深切而有內蘊。對外，則應努力拓展人際關係，如飛鳥般活力充沛。這樣才有資格稱爲學者。

論品德高尚的重要

前面提到國人最堪憂心的就是見識短淺。但人的見識與品行並非談論高深的道理就可提高的。禪家的悟道相當玄妙，但那些僧侶的行爲多半陳腐空洞，無益於現實生活，所以就和沒有見識一樣。而且，也不是靠增廣見聞就能提高的。有些人讀萬卷書，交天下友，卻沒有主見。像那些墨守成規的儒者便是。甚至連當今的洋學者也不免有這種傾向。他們立定志向要研究日新月異的洋學。有的讀經濟學、修身論，有的學哲學、科學，從早到晚不停鑽研，頗有懸梁刺骨的意志。但觀察他們的生活，卻發現讀經濟學的不能維持一家生計，講修身論的不知自己的品德也得修行。學的東西和做的事竟判若兩人，讓人難以信服。

這類學者嘴巴講的和眼睛看的或許沒有什麼錯誤，但是，判斷事情對錯的心，和想把對的事付諸實踐的心之間，卻有著很大的落差。也就是判斷力與行動力不一致的問題。常言道「當醫生的卻不養生」、「讀論語卻不懂論語」，指的就是這種情況。所以我才會說：人的見識和品德並不會因談論玄學或拓展視野就能提高。

那麼，要如何增進見識和品德呢？要訣就是多比較，不自滿，以向上提升爲目標。不過，這裡說的比較，不是單一的比較，而是比較分析事物整體的優缺點。例如：這裡有個年輕學子，既不耽溺酒色，又勤奮學習。品德、行爲也無可挑剔。好像這樣他就能引以爲傲了。但事實上，他只是比不學無術的青年好那麼一點點而已。謹言愼行、努力向學是讀書人的本分，並不特別值得稱讚。人的志趣應該放在更高的地方。若要比較，當然要和古今英雄豪傑比。假使自己有一個優點，卻發現對方有兩個，那就沒有自豪的道理。後人應當努力超越前人，社會才會進步，若無前例可循，就更應自我惕勵。因此，現在的人可說任重而道遠。那種認爲一生只要謹言愼行、努力學習就好的想法未免太沒志氣了。因勝過耽溺酒色之輩而沾沾自喜，就像視力正常的人向瞎子炫耀自己看得見一樣，只是暴露出自己的愚蠢罷了。可見酒色等事根本不值得討論。只要品德略有精進，就會對此議題不屑一顧了。若再繼續討論這種事，應該會被輕視吧！

現在評價日本的學校時會說「這學校的風氣如何如何，那學塾的規定怎樣怎樣。」父母兄長在意的只是風紀和校規的問題。風紀和校規的目的是要防止學生發生偏差行爲，並在錯誤時予以適當懲處。但這算什麼優點呢？反而是一大恥辱！西洋的風俗決不完美，也不乏令人嗤之以鼻之處。但我至少不曾聽聞有學校因風紀和校規博得美譽的。好學校應該以精進的學問、優異的教學、高尚的品德和研究的水準來評價。不論校方或學生都不應向下比爛，目標必須放在國際頂尖的學校上。風紀良好、校規嚴格只能說是辦學的最低條件，根本不足誇耀。若眞想和卓越的對象較量，還必須在其他地方下功夫才行。就算風紀和校規被列爲辦學要務，也不該以此爲滿足。

國家的問題也一樣。假設這裡有個政府，執政者知人善任，深知民間疾苦。而且施政時信賞必罰、恩威並濟。讓全民豐衣足食、太平安樂。照理說這是值得慶賀的事。但仔細看就會發現這些事僅限於國內，只是一人或幾個執政者施政的成果。和前朝或其他惡政相比或可稱頌，但若與外國做全面性的比較，就是另一回事了。將整個國家與他國文明，以及數十年來的施政詳加比較，就會明白自己並沒有什麼值得驕傲的。

我們知道印度歷史悠久，文明可追溯至西元前好幾千年。很多深奧的理論都不讓西洋哲學思想專美於前。另外，土耳其也曾是泱泱大國，禮樂征伐，無一不備。君主賢明、朝臣方正、人口眾多且軍隊強盛。曾有名震四方的輝煌年代。過去的印度和土耳其，一是文化古國，一是軍事大國。但如今印度已淪爲英國的殖民地，人民像是奴隸一樣，被迫栽植鴉片毒害中國人，讓英商賺飽荷包。至於土耳其，名義上雖然獨立，商貿權卻被英、法壟斷。而拜自由貿易所賜，本國產業蕭條，紡織和製造業全都沒落了。生活必需品一概必須從英、法進口，人民只剩耕田種地或無所事事的份。因爲國家經濟無法提振，久而久之，連驍勇善戰的士兵也變得意志消沉。

至此，眾人不禁要問：印度的文明和土耳其的軍備爲何都對國家的現代化沒有貢獻？我認爲這是因爲視野狹隘的緣故。他們滿足於現狀，只把目光放在國內。或只拿國家擅長的一小部分與外國比較，欺騙自己並不遜色。於是，政論不再活潑，黨派也停止活動。勝敗榮辱都把外國排除在外，自己關起門來窮開心。或只在國內爭執一些雞毛蒜皮的事。漸漸地，商貿權就被西洋控制了，而國家也面臨分崩離析的危險。如今，西方先進國家在亞洲的經濟實力已所向披靡，這才是最令人憂心的地方。我們若對這樣的事實心生敬畏，並且孺慕他們的文明，就應通盤檢討國內外情勢，想辦法迎頭趕上才行。

（明治七年十二月出版）

第十三篇

論怨念的害處

人類敗德之事頗多，但沒有一樣比怨念對人際交流害處更大。儘管貪吝、奢侈、誹謗都不道德，但仔細想想，這些心態所產生的作用並非全然負面。有時依情境、嚴重性，以及對象的不同，或可免除敗德之名。

比如說，我們稱嗜財無度者爲「貪吝」。但愛錢原是人類的天性，追求天性的滿足並無可指摘。只有任嗜財之心無限擴張，並以非法手段取不義之財時，才叫做「貪吝」。道德與敗德之間應該有合理的分界，界線以內的叫做節儉或經濟，是人類應該追求的美德。

奢侈亦如是。是否超越限度是決定道不道德的關鍵。誰都想穿得暖、住得好。若能依天理正道來滿足需求，怎能說是不道德？錢賺了就是要花，只要不過度不踰矩，就是好事。

誹謗和論辯有時難以斷然區分。基本上，誣陷他人叫做誹謗，爲人解惑並陳述己見是論辯。不確定什麼是正義公理，就不能斷定孰是孰非。通常人在是非難辨時，會採用社會共識。但光要決定什麼是共識，已有一定的難度。因此，不能一看到誹謗人的人就說他不道德，還必先求得世間的公道才行。

驕傲與勇敢、粗野和率直、頑固和穩重、膚淺與敏捷也都是相對的概念，是好是壞必須依情境、程度和對象來決定。唯有怨念在本質上就是壞的，是惡中之惡，因爲怨念多伴隨著陰冷險惡的心態而生。心生怨念的人不知自省，只會一味妒恨他人，並做出損人不利己的事。發現別人比較幸運時，本來應該反求諸己，但怨念卻會讓人用陷害對方、讓他跟自己一樣不幸的方法來消弭不滿，甚至恨不得對方去死。這種藉由破壞別人來平衡情緒的做法對社會沒有任何益處。

有人認爲欺詐和說謊的本質也是壞的，與怨念無輕重之分。此話乍看有理，但只要試想其因果關係，答案就會有所不同。欺詐和說謊固然不好，但它並不是產生怨念的原因，而是怨念造成的結果。只有怨念是萬惡的根源，舉凡猜疑、忌妒、恐懼、卑怯等無一不出於此。怨念，對內表現在私語、密話、詭計、陰謀，對外，則有結黨、暗殺、暴動或內亂等形式。不但沒有任何益處，嚴重者還會使舉國上下一起受累。因此，怨念可說是消費公共利益以逞個人私慾的惡行。

以上討論可得知怨念對社會的傷害有多大，而怨念的產生全出自「窮」字。這裡的「窮」並非貧窮，而是阻礙人言論與行動的自由，也就是使人行爲受限的意思。假如貧窮會產生怨念，那麼普天下的窮人都要不平而鳴了。富人變成眾矢之的，社會永無寧日。但現實情況決非如此。不管多窮，社會地位多低，只要知道自己有責任，就不會隨便怨恨別人。在此不必特別舉例，縱觀社會現狀便可明白：世間雖有貧富差距、地位高低，但大家還是能和諧相處。故說：富貴並非怨念的對象，貧窮也不是不平的根源。

再說一次，怨念不是貧賤所產生的，只有在行動受到妨礙，福禍來去完全被命運主宰時才會橫行。孔子曾感嘆女子與小人：「近之則不遜[1]，眞是令人困擾。」以現代人的眼光來看，孔老夫子的困擾可說是自作自受。男女心性本無不同。而小

1 出自《論語．陽貨》。完整句子是「唯女子與小人難養也，近之則不遜，遠之則怨。」但這段話自古以來即有多種理解方式，因斷句或詞性的不同，在詮釋上也會有很大的差異，而不只有福澤這裡所指的意義。

人應該是指地位低下的人吧！但是，下人的孩子長大後未必依舊是下人，人出生時並無地位高低的差異。既然如此，爲何要把矛頭指向女子與下人，說他們不好應付呢？這是因爲，人民自古以來就被要求謙卑順服，其中，又以弱小的女性和低賤的下人最不自由。久而久之，社會便釀成怨念之風，情況嚴重時，連孔子也搖頭嘆息。人若沒有自由便容易心生怨恨，這是很簡單的因果論。就像播下麥種，結的就是麥穗。有聖人美譽的孔子卻不知這層簡單的道理，也不去探究眞正原因，竟有此無稽的抱怨，眞令人不敢領教。孔子距今已有兩千多年的歷史，當時還是野蠻草昧的時代，他應該是爲了順應風俗人情，攏絡天下人心，才刻意採取這種威權的理論吧！假如孔子是不折不扣的聖人，具有洞察後世的眞知灼見，應該會不認同當時的體制才對。後人若要學習他的學說，必須考量身處的時代，做出適當的取捨。若想把兩千年前的學說直接複製到明治時代，那我們和這種人就沒什麼好談的了。

再舉一個比較接近的例子。怨念橫行且已嚴重破壞社會和諧的是御殿女中——封建時代各大名府邸內的侍女。御殿是一群無才無學的女子共同侍奉一個無知無德的主君的地方。女中，或說侍女們勤勉好學並不會得到讚美，怠惰懶散也不至受處罰。忠心諫言會惹來怪罪，閉口不言也難免被責罵。說也好，不說也無妨。撒謊不行，但不撒謊也不行。反正每天都在見機行事，想盡辦法博主人歡心。就像無的放矢，射中了不是因爲功夫好，射不中也不是技術差。這是一個獨立於正常世界之外的異空間。長期生活在這裡，人的喜怒哀樂會慢慢變質，跟正常社會的人完全兩樣。看到同伴立身出世，卻無由得知人家成功的秘訣，只能在一旁羨慕。當羨慕過了頭就會變成忌妒。成天忌妒同儕，怨恨主君，哪還有時間爲公家著想？所謂的忠信節義只是表面功夫，若是沒人看見，打翻油、弄髒了榻榻米也不會擦一下。主人病危時還在勾心鬥角的人也不少，如此，根本無法盡心照顧病人。怨念若發展到極致，有毒殺事件發生也不奇怪。假使做過毒殺統計表，自古以來這裡一定多出其他地方很多。怨念之禍眞是太可怕了。

光看御殿女中的例子便足以推斷社會的普遍情況。既然人類最大的禍害是怨念，而怨念源於窮，那麼，打開言論管道，不妨礙他人的行動就非常重要了。假如要問現在英、美各國和我國是否已脫離這種狀態的話，我們固然不能說日本毫無長進，和過去一模一樣，但是，很多類似的陋習還是依然故我的。至於英、美諸國，則早已揮別這種閉塞的氛圍了。他們並非沒有貪吝驕奢、粗野暴戾的國民，騙子和詐欺犯也都不少，離眞善美的標準還遠得很。唯獨陰險的怨念之風，決不像我國這麼嚴重。現在，有識之士已開始提倡議會的設立、出版的自由。姑不論這麼做的好處如何，至少是爲了使人民遠離御殿女中的風氣，把怨恨的念頭轉化成良性的競爭，讓福禍、褒貶都由個人行動來負責。

妨礙他人的言論與行動自由，好像是政府施政的弊端，其實也會發生在社會其他層面。這個弊病的遺毒非常嚴重，若只有政府改善是不夠的。以下我就針對政府以外的情形做些補充。

人天生喜好與人交流，但有人卻會因某些情況改變而不再喜歡。有的搬到偏遠地區，離群索居，被稱做隱士；或者並非隱士，只是閉居家中不與人來往，還自豪可以「遠離塵囂」。但是，這種人迴避人群並非厭惡政治，而是因爲心志軟弱。他們怯於參與社交，而且器量狹小，不能容人。所謂不容人者，人亦不容之。大家都往後退，結果就變成不相干的異類。甚至相互仇視、猜忌和怨恨。這樣一來就是社會的災難了。

另外，有的人還沒見到對方，只憑他的行爲或耳聞他的事，就感到不舒服、不認同，甚至過度嫌惡。這也是人的劣根性和壞習慣造成的。用傳話或書信無法解決的事，面對面來談可能比較容易圓滿。有人說：「本以爲如此這般，但見了面才發現……。」可知爲人忍耐也是人類的至情之一。只要願意稍爲忍耐，進而便能心意相通，原本的怨念也會煙消雲散。自古以來暗殺事件層出不窮，但我常說：「若有機會讓暗殺者和暗殺對象相處幾天，坦承相見，互道心聲，那麼，天大的仇恨都會消弭，還可能變成至親好友呢！」

由以上討論可知，妨礙他人言論與行動的自由，並非只是政府的弊病，在全體國民間也橫行已久，有時連學者也不能避免。不與人接觸就很難產生活力，所以必須給予民眾充分的自由，讓貧賤富貴都成爲自身行爲的結果。旁人千萬不要從中阻礙才好。

（明治七年十二月出版）

第十四篇

論自我反省的重要

人生路上，有時會發現自己意外做了壞事或愚蠢的事，甚至經歷很多失敗。受了教育，不管是多壞的人，應該都不想一輩子爲惡。但在當下，明明知道不對也無法阻止惡念，還會替自己找各種藉口。有人不覺得做的是壞事，絲毫無羞恥感，甚至堅信自己是對的。他人若提出異議，還會惱羞成怒。直到事過境遷再回頭看時，才懊惱自己竟然錯得那麼離譜。

人的聰明才智各有不同，但至少不會有人自認比禽獸還不如。人會從各種工作中選擇較擅長的事，卻沒料到在過程中還是遇到很多困難，甚至弄錯了最初的目的。不但貽笑大方，自己也很後悔。那些原本期許會成功卻含淚吞敗的例子，看似愚蠢得令人失笑，但當事人並不見得都那麼不智。若仔細來看，會發現也不無道理。只因世事變化難料，聰明人也可能無心做了蠢事。

而且，人在做計畫時，常因野心太大而無法掌握難易和時間。富蘭克林[1]曾說：「原以為時間綽綽有餘，實際去做才發現根本不夠。」此話確實有理。比如說，木工和服裝店接了生意，十之八九都會逾期。他們並非故意拖延，而是一開始沒有做好規劃。發生這種事，客人自然會怪罪下來，而木工和服裝店當然也因此誠惶誠恐。客人都是明理人，但假使立場對調，不知他自己能否準時交差？鄉下學生負笈外出求學時都許願發憤苦讀，三年內衣錦還鄉。但有多少人是如期完成的呢？另外，有人四處籌錢才買到渴望已久的原文書，計畫在三個月內讀透，可是確實做到了嗎？志向遠大的讀書人說：「若有機會為政府服務，一定會大刀闊斧地改革，不出半年，就讓政府改頭換面。」終於，在多次建言後如願以償了。但下此豪語的人是否眞能不負初衷？還有窮書生立下宏願：「給我一萬兩金子，明天就在全國興辦學校，作育英才，不讓社會再有文盲。」假使今日有緣讓三井或鴻池[2]收他做養

1 Benjamin Franklin，一七〇六至一七九〇年。

2 江戶時代大阪的富商。

子，恐怕也難保他能實踐諾言吧！類似的夢想不勝枚舉，會不了了之，都是因爲缺乏妥善的規劃；或是時間估得太短，或是把事情想得太容易了。

我們最常聽到有人要「窮盡畢生」或「十年光陰」來做好某件事。短一點的是「三年內」和「一年內」。卻幾乎不曾耳聞「一個月內完成」，或「現在計劃，立刻執行」的。事實上，我這輩子還未見過實現了十年前計畫的人。時間設定很長的計畫，看似非常宏偉。可是，隨著時間逼近，卻一團混亂，說不出個所以然來。這表示當初並沒有把需要的時間評估好。

誠如前面說的，人生路上有時會意外做了壞事，犯了蠢病，也會有不小心搞砸事情的時候。預防這些事有各種方法，這裡我要舉一個比較少被注意到的，就是隨時檢討成敗得失，就像做生意要定期盤點和清算一樣。

應該沒有人做生意是想要賠錢的吧！所以，一開始就要評估好能力、資本、市場景氣，並依時勢變化來調整、應對。有些事符合預測，有些則會出乎意料。這筆買賣造成虧損，會在那筆賺回來。年終或月底結算時，發現有的符合計畫，但有的不如預期。本來認爲賣得很好、肯定會賺錢的商品，卻在看到損益表時才知道是虧損的。進貨時直覺不夠，等到盤點卻發現有一堆庫存，得花上好些時間才賣得掉。如上，平時就要精確記帳，決不耽誤盤點的時間。

其他的人事物也是一樣。人生這項買賣，大約從十歲懂事時就開始了。無論知識或品格，都要像帳簿一樣，仔細記錄，隨時反省，才不會虧損。「過去十年來得到什麼？失去什麼？現在做的是什麼生意？成效如何？目前進的是什麼貨？預計何時賣出？這幾年心靈商店的檢討是否確實？有沒有懶散怠惰的店員，給公司造成損失？明年繼續這項買賣是否賺錢？還有其他磨練智慧與品德的方法嗎？」若這樣做，應該會發現仍有許多缺失需要改進。以下舉幾個例子說明。

有人嘴巴說得好聽：「安貧樂道是武士之常，盡忠報國乃武士之責。」可是卻不事生產，白白吃掉農民辛苦耕種的稻米。窮困潦倒卻還自以爲是。就好像有人不知道應該進口手槍才對，自顧自地賣起刀劍來，結果當然會滯銷，等發現怎樣都賣不掉時才後悔。也有信古疑今的人，一味排斥日新月異的洋學，埋頭鑽研和漢古籍。這就像有人念念不忘夏天的好光景，不管天冷了該買被子保暖，卻準備了蚊帳過冬一樣。還有年輕學子學問未成就急著謀事，所以一生只能當個小公務員。又好比還沒做好的衣服拿去當鋪，根本賣不了錢。有人缺乏基礎史地的概念，或連一封簡單的信也不會寫，卻硬要讀艱深的書，才翻沒幾頁就讀不下去了，於是又想換別本試試。或是手頭沒錢卻想做生意的人，搞得每天都在換工作。也有人沉浸在書堆裡，雖然日本、中國和西洋的典籍都來者不拒，可是卻搞不清楚天下大勢，甚至無法養家活口。這種人就像沒有算盤卻開著雜貨店。有人對治理天下的問題說得頭頭是道，卻忽略了自我修爲的重要。那麼，這不就跟常常建議隔壁如何持家理財，但家裡遭小偷卻不自知一樣嗎？有人開口閉口都是流行情報與最新知識，但其實根本不懂意思，就和那種只知產品名稱卻不瞭解價格的人是一樣的。這些怪事在現今社會並不稀奇，因爲他們只會隨波逐流，根本沒有主見；不知反省過去，不願認清當下，也不敢規劃未來。所以，釐清事業的現狀，規劃未來的藍圖，就像帳簿的總盤點一樣重要。而要更瞭解自己，以便確認日後的方向，就必須做好品德、智慧與事業的總決算才行。

談「照顧」的涵義

「照顧」有兩個意思。一是保護，一是指示。「保護」是從旁協助，或供給衣食財物，或花時間陪伴，使對方的利益和尊嚴不會受損。「指示」是教導對方做事的方法；若是有害的事，則竭盡所能給予忠告。

當「照顧」兼具保護和指示之意時，才體現了這個詞的全貌，可讓社會圓滿和諧地運作。就像父母供給子女衣食所需與生活照料；而做子女的則聽從父母的教導和規定。政府制訂法律，保障國民的生命、榮譽、財產和安全；人民則遵守政府的指令行事。

由此可見，保護與指示看似兩個概念，其實彼此如影隨形，是一體的。保護所至亦是指示所及之處；指示所及自然也是保護的範圍。若不遵守這個原則，即便只違反了一點點，也會製造問題，甚至成爲禍害。人們對照顧的意思多半只理解爲「保護」或者「指示」，而偏廢了另一方。

比如說，這裡有個忤逆父母、遊手好閒的兒子，但是做父母的還是無條件給他錢。這就是保護過度而缺乏管教。相反地，做孩子的謹慎自持又順從父母，但做父母的卻連衣食溫飽和基本教育都不提供，讓孩子挨餓受凍，還因無知文盲而陷入貧困。這便是管教過度但保護不足。前者是子不孝，後者是父不慈。兩者都是人類的大惡。

古人有云：「朋友數，斯疏矣。」[3]意指朋友若不接受我的勸告，就不應對他過分關切；假如不夠瞭解他，還厚臉皮地對他指手畫腳，只會惹人厭，甚至被怨恨或輕視，對現實情況並沒有幫助。簡言之，就是應該適可而止的意思。所以，在指示無法進行之處，也就不應給予保護。

還有頑固守舊的鄉下老人，不管早已分家，卻拿出族譜干涉親戚的家務事。或是早年給人做養子，沒分到財產的叔伯回老家來指責姪子做事不周到，埋怨他薄情寡義，甚至編造祖父遺言，想要侵吞他的財產。這些是干涉過度卻不愛護對方的例子。正如俗諺說的「要你多事！」。

---

3 出自《論語・里仁篇》。

此外，救濟窮人時，人們通常不會在意對方是好人、壞人，或為什麼那麼窮。幫助鰥寡孤獨、無依無靠的人確實很有意義，但也不是沒有拿五升的救濟米去換三升酒來喝的例子。假如沒資格下禁酒令，就不該任意布施。就像沒有立場下指令的人不適合提供保護一樣。俗話說「吃力不討好」就是這個意思。有關民眾救助的政策，英國等先進國家也遇到不少難題。

擴大到一國的政治來看，人民納稅以維持政府的運作，這樣便盡了保護的義務。可是在專制體制下，人民的意見不但不被採納，甚至沒有抒發心聲的管道。這就是被阻斷了提供指示的機會。這樣的人民也未免太不幸了。

若要舉類似的例子，還眞是不計其數。照顧一詞既包含權利也包含義務，是經濟論述中最重要的一環，不論行業別或事情大小輕重，都應當注意。這樣講好像有點錙銖必較、稍嫌現實。但是，假如該薄情時勉強表現出仁愛，狀況不允許仍要維護形式上的寬厚，反而有損人情，影響社交，得了面子卻失了裡子。

我對照顧一詞的看法已詳述如上。不過，為了避免誤解，容我再補充幾句。

道德修養和經濟法則或有衝突之處，但畢竟個人修養不至影響天下經濟。布施給素不相識的乞丐，或不問來歷就捐錢給窮人，都是提供保護卻沒立場命令的例子。只從經濟角度出發，這樣的做法其實不適當。然而，樂善好施原是人類珍貴的美德，即便政府可以立法來禁止，但想幫助窮人的心無論如何都不該受責難。畢竟世事有很多並非一只算盤就能決定的，時機的判斷非常重要。希望學者諸君莫因醉心經濟大論，而忘了仁義的美德。

（明治八年三月出版）

第十五篇

懷疑與取捨

盲信的世界有很多僞詐，輕疑的世界有很多眞理。試看世間愚人，對別人講的話、書上寫的事、虛構的小說、民間的謠傳、神佛、占卜等無一不信。聽從按摩師的餿主意，讓生大病的父母服用草根樹皮；女兒的終身大事，卻聽算命的胡說八道，錯失了良緣；得了熱病不請大夫，整天誦經唸佛，以爲有如來保佑就能不藥而癒；相信不動明王的法力，斷食二十一天，最後卻送了命。這些讓民眾深信不疑的事，究竟有多少是眞的？我得說實在是不多。眞理既然少，僞詐就多了。民眾相信的是不實的事，故說：盲信的世界多僞詐。

文明的發展在於探索、研究天地間有形、無形的事物，進而發現眞理。西洋諸國人民的文化水準很高，因爲凡事無一不從懷疑出發。伽利略[1]質疑天文學的舊

1 Galileo Galilei，一五六四至一六四二年。

論，提出地動說。伽伐尼[2]從青蛙腿部的痙攣現象發現了生物電[3]。牛頓[4]從掉落的蘋果發現萬有引力。瓦特[5]看到熱水瓶冒出的蒸氣而改良了蒸汽機。以上無一不是從懷疑之路走向眞理的例子。

跨出自然科學的領域，人事進步的情況也一樣。質疑奴隸制度的正當性，阻止了遺禍後世的是湯馬斯・克拉克森[6]。馬丁路德[7]批判羅馬天主教會的荒誕，做了大幅的宗教改革。因不滿貴族的跋扈，法國人民開啓革命之先。美國人質疑英國法制的正當性，後來獨立成新的國家。即便到今天，西洋學者提出新學說，引導民眾走向文明之路，一開始只是要駁斥所謂的眞理，質疑牢不可破的習慣而已。現代社會

2 Luigi Galvani，一七三七至一七九八年。
3 Bioelectricity。
4 Isaac Newton，一六四二至一七二七年。
5 James Watt，一七三六至一八一九年。
6 Thomas Clarkson，一七六〇至一八四六年。
7 Martin Luther，一四八三至一五四六年。

仍將男主外、女主內視爲天經地義的事，但穆勒[8]卻寫了《婦人論》一書，嘗試打破這種亙古不移的論點。許多人將英國經濟學家自由貿易的概念奉爲圭臬，但美國學者卻提出貿易保護主義，後來形成該國獨特的經濟理論。新學說一出現隨即就有人駁斥。如此，質疑論辯從未停歇。

相對的，亞洲人民多輕信虛言妄說，耽溺在巫蠱神佛之中，或不經思索地附和聖賢言論，因此，千百年來仍停滯不前。兩者相較，孰優孰劣一目了然。但以異說來追求眞理猶如逆水行舟。狂風巨浪讓船左搖右擺，明明行駛了數百里，直線距離卻不過三、五里而已。航海還有順風的時候，社會發展卻很難這麼順利。只有不斷駁斥舊說，不停對話論辯，才能推動文明發展。新觀點、新學說就誕生在懷疑的態度之中。故說：懷疑的世界有很多眞理。

由以上討論可知，輕信與輕疑都不可取；信疑之間應辨分明。概凡學問的目的是培養判斷力。鎖國開放以來，我國民開始質疑千百年來的因習，在人心思變

8 John Stuart Mill，一八〇六至一八七三年。

下，改革政府，打倒貴族，興學、辦報，積極提振鐵路、電信、兵制、工業等文武百業。不過，若追問這懷疑的念頭來自何處，會發現都是西洋文明的影響，不能算是人民自發性的精神活動。嚴格來說，只是把原本相信的東西替換成新鮮的事物而已。以前相信東方，現在則把對象轉移到西方世界。這樣的取捨是否明智，頗令人存疑。在下才疏學淺，還無法一一指出明確的標準，也對此甚感羞愧。但縱觀社會，可見人們常依時勢變化過於盲信或輕疑，沒有適當的準據。試舉例說明如下。

東西方社會風俗有別，人民性情迥異，因此，即便利弊得失很清楚，也不宜驟然將數千年來的習慣用別人的來取代。何況有時難以一眼判別，須經深思熟慮和歲月考驗才能知道。反觀現在社會上中等以上的改革者，或自詡爲開化之輩的人，開口閉口都是西洋文明有多好。一人提倡，馬上有萬人附和。不論智識與道德的教誨，經國濟民之大業，乃至食、衣、住、行等瑣事，只要是西洋風潮，無不爭相仿效。連原本對西方事物極其陌生的人也破除舊習，追求起新穎的事物來。讓人不禁想問爲何我國國民總是如此盲從輕信，缺乏懷疑精神呢？西洋文明固然有不少地方比我們優秀，但決不是盡善盡美的，若細數其缺點，一定不在少數。我們除了不可輕信西洋文明完美無缺，更不應妄自菲薄，貶斥自己的文化風俗一無是處。

來做個假設好了。有個少年認識了一位學者，對他仰慕不已。爲了向他學習，首先將書本、文具都準備齊全，開始日夜苦讀，要讓自己改頭換面。這原是好事一樁，問題是他連對方的壞習慣也染上了。原來這老師喜歡夜間講學，於是，少年開始晚上不睡、早上不起，還把健康都賠了上去。這豈非不智之舉？對少年來說，先生是完美無瑕的代表，因此，他失去了是非對錯的判斷力，讓自己陷入窘境。中國有句話叫「東施效顰」。美人蹙眉頗有風情，旁人見狀起而效尤，倒也不需要過分苛責。但是，學者白天睡大覺就令人不敢恭維了。早上賴床不起，既懶惰又不養生。仰慕一個人竟連他的壞習慣都照單全收，怎不令人捧腹。

現在社會上爲數不少的開化之輩就和這個少年一樣。我們再來做個假設，把東西風俗習慣對掉，然後試著揣摩開化先生會有何評價吧！首先，假設西洋人每日沐浴，但日本人一個月只洗一、兩次澡好了。那麼，開化先生可能會說：「文明開化的人注重衛生，勤於沐浴可讓皮膚發汗，促進新陳代謝。而不文明的日本人卻不知這層道理。」日本人習慣把尿壺放在室內，便於夜間小解。而且如廁後也不常洗手。但即使三更半夜，西洋人也會起床去上廁所。不管做什麼事，都會立刻洗手。於是，評論者就會說：「開化的人重視清潔，未開化的人不講衛生。就像沒有智識的小孩不能辨別污潔一樣。但是，只要漸漸進步，應該會學習西洋的好習慣才對。」洋人都用紙來擤鼻涕、擦鼻子，而且用過即丟。但日本人習慣使用可以反覆洗滌的布。論者見此，便附會經濟議題說：「資源匱乏的國家，人民自然比較節儉。假使日本人都用紙擤鼻涕，不知要浪費多少資源？國民忍耐不潔，用布來擤鼻涕，是因爲資源匱乏、經濟困窘的緣故。」假使習慣戴耳環並束腰的是日本女性而非西洋女性，論者就會從生理學的觀點斥責這種行爲既不文明又違反自然。「在耳朵上掛東西就算了，還把女性最重要的腹部勒得像蜜蜂一樣緊，這樣不但增加不孕的機率，也會造成分娩的危險。輕則一家的不幸，重則損失國民人數，削弱國家實力。」假設西洋人很少鎖門，且外出旅行多請人搬運行李，就算不上鎖也很少遭竊。委託木工和泥水工做工程時，通常不寫契約書，即便如此，日後也少有訴訟糾紛。而日本人剛好相反。家裡每個房間都裝鎖，連放在身旁的手提行李也牢牢鎖住。委外工程必詳立契約。要是東西被偷或發生違約情事，多半會走法律途徑解決。論者看到這種情形便搖頭嘆息地說：「哈雷路亞，聖善的基督徒！可憐可憫，愚蠢的異教徒！日本人簡直住在賊窩裡，和西洋諸國自由、誠實的風氣沒得比。只有基督教盛行的社會才能成就路不拾遺的理想世界。」假如看到日本人嚼菸草、吸菸捲，而西洋人用菸斗的話，應該會說：「日本人連做菸斗的技術都不懂，難怪沒有這項發明。」若日本人穿鞋，而西洋人穿木屐，就會恥笑日本人連腳指怎麼用都不知道。要是味噌也是舶來品，應該不會受到如此輕蔑吧！而豆腐只要端上洋人的餐桌，身價馬上就會水漲船高了。甚至連蒲燒鰻、茶碗蒸都會變成世界第一等的佳餚呢！類似的例子真是不計其數。

以下，我要談談比較有深度的話題，那麼，就舉宗教教義來說好了。假設四百年前親鸞上人出生在西洋，而馬丁路德出生在日本。上人改革西方的佛法，弘揚了淨土眞宗。路德反對羅馬天主教會，自行創立了基督教會。那麼，論者應該會說：「宗教的目的是普渡眾生，不是無情殺戮。若弄錯這一點，其餘都不足為取。西洋的親鸞上人爲體現這個旨趣，以石爲枕，臥於野外，歷經千辛萬苦，終於完成國家宗教的改革，教化了絕大多數的人民。影響力雖大，但上人圓寂後，門徒仍以佛法度人，不曾迫害過其他宗派，因此，異教徒也不與上人的弟子爲敵。反觀日本的路德，出面反抗羅馬舊教，造成天主教徒的不滿，而新教徒也不甘示弱，於是雙方如虎狼相爭，結果血流成河，兩敗俱傷。路德死後，門徒大規模地迫害日本異教徒，連年戰爭使國家散盡資財，差點有亡國之虞。災禍的慘重實非筆墨可以形容。野蠻的日本人假借普渡眾生之名，行塗炭生靈之實。喊著『愛敵如己』的口號，卻屠殺可憐無辜的同胞。但時至今日，路德的宗教改革成效不彰，教徒甚至未達半數。東西方的宗教竟有如此差異，眞令人費解。我們暗自竊想，大概有以下幾點可能性：

第一，日本的基督教和西洋的佛法本質相似，不同的只是國家。在野蠻之國流傳，便會產生殺伐之氣，在文明之國施行，便能醞釀溫厚之風。

第二，兩個宗教在組成元素上有根本的差異。

第三，雙方改革者的德行有上下優劣之分。

上述三點只是推論，無法斷定其正確性，還望後世有識之士爲我解答。」

由以上假設可知，今天我國的改革派正是喜新厭舊的代表。厭惡日本一切舊習，全盤接受西洋事物，可說既輕信又輕疑。說穿了，只是換湯不換藥。不經判斷、沒有取捨，一味仰慕西洋，就會發生東施效顰和白天睡大覺的弊端。有人甚至還沒找到值得學習的東西，就把傳統全部拋棄，失去了安身立命的所在。聽醫師說近來精神病患增加不少，有些就是因爲空虛不安而發瘋的，想想還眞是悲慘。

西洋文化固然令人仰慕，而且我們向外學習的時間還不長。但是，與其輕信，不如不信。在富強的表象之外，西洋諸國貧富不均的問題很嚴重，我們實在不可輕忽！日本租稅算不上輕，但看到英國小老百姓被地主肆虐的情形，我國農民還是值得慶幸的。另外，他們尊重女性的風氣固然很好，但是跋扈到讓丈夫難堪的妻子，或是輕蔑父母的不孝女的例子，都不可有樣學樣。尤其以下幾點必須多加留心：現在社會上風行的事是否妥當？企業的法令有無問題？政府的體制可不可行？教育制度需要改善嗎？著書論述是否已蔚爲風氣？學問之道有無偏頗？像這樣，想到一個問題，就會接二連三出現更多需要思考的事，猶如在黑暗中摸索著前行之路。在此雜沓混亂的局面之中，仔細比較東西差異，並找到信疑取捨的方法是我們最大的挑戰。

而現在能夠擔起這個重任的，除了我們慶應義塾的同仁之外就沒有別人了。

因此，學者諸君切莫瞻前顧後，左思右想。只要多讀書，多與人接觸，便能大開眼界。如此，知道愈多，愈能冷靜謙虛，也更有助於找到眞理。我們要讓昨天相信的事，變成今天的疑惑，讓今日不解之事，成爲明日豁然開朗的契機。深深期待各位多努力。

（明治九年七月出版）

第十六篇

確保自身的獨立

近來常聽到有人用「獨立不羈」這個詞，但謬誤頗多，讓我不得不在此辨明趣意。

獨立有兩層意義。一是有形的，一是無形的。一言以蔽之，就是分爲物質面的獨立和精神面的獨立。

假使每個人都能經濟自理，工作收入足以養家活口，不給他人添麻煩，就達到了物質面的獨立。換言之，就是能夠維持家庭運作，無需他人接濟的意思。

有形的獨立如上所述，眼睛看得見，故容易辨別。相對的，無形的精神獨立意思就比較深，範圍也比較大了。有些看起來與獨立無關的事，卻因包含了獨立的意義，而引發不少誤解。因此，就算略嫌瑣碎，還是舉例說明比較好。

俗話說：喝一杯，是人喝酒；喝三杯，是酒喝人。意即嗜酒的慾望控制了人心，使意志薄弱，無法保持精神獨立。能控制意志的行爲不只喝酒，還有其他各種事物。例如和這件和服不搭，要訂做那件短外套才行。買那個菸盒來搭配，才能顯出這件衣服的高貴。身上的行頭都打點好了，又發現房子太小，住起來不舒服。於是找了人把房子整大些。等新居落成了，又發現不辦個餐宴可不行。鰻魚飯吃完，想吃西洋料理，然後下回再去買個金錶。像這樣，有一想十，好還要更好，變得慾望無窮，沒完沒了。好比一個家沒主人，有身體卻沒有靈魂；人是慾望的奴隸，主人受物質的支配。

而比這嚴重的更不知凡幾。前面講到被物質掌控的例子，但好歹還是自家的東西，僅限於一家之內。可有人還當了別人東西的奴隸。看人家做了洋服，自己也想要一套；隔壁蓋二樓，那我家不蓋三樓怎麼行？朋友買的東西是我下次血拼的目標；同事八卦的內容，變成我以後採購的腹稿。明知自己是個皮膚黑、指節粗的壯漢，戴金戒子肯定不好看，但一想到洋人不都時興這個？又改變主意買了。溽暑的傍晚，沐浴後總習慣穿浴衣、拿團扇乘涼，卻爲了模仿洋人，汗流浹背也要穿上西裝。別人怎樣，自己就跟著做，這樣才趕得上時代。光想著附和他人的喜好倒也還好，可笑的是連別人用什麼東西都搞錯。比如說，聽到隔壁太太穿的是高檔絲質的衣裳，插的是純金的髮簪，就趕緊買來穿戴上。後來發現人家用的只是棉的和鍍金的東西，才知道控制自己的甚至不是誰的東西，而是如煙似幻的妄想。生活各層面都受妄想的控制，這樣就與精神的獨立很遠了。至於距離多遠，還請各位自己衡量。

像這樣，在物欲的夢境裡費盡心思，就算有年薪千元，月薪上百也不夠揮霍，最後散盡家財。要是再加上工作不保，家裡堆積的盡是無用的雜物，身上剩下的是奢侈的習慣。這種人與其說可憐，倒不如說愚蠢。累積財富是獨立的基礎，但人若為了物質的獨立而被財富奴役，就等於失去了自我。正所謂成也是錢，敗也是錢。我並不鼓勵人當守財奴，但是必須用錢有道；要學會善用錢財，而不被錢財所掌控。

論理論與行動的一致性

人們都說：理論與行動必須並保持平衡。可惜這句話本身就常流於理論，眞能實踐的少之又少。原本理論就是把心裡所想的事訴諸語言、文字，或者，未溢於言表，只是個人的思想和志趣。也就是說，理論並不一定要表現於外。畢竟思想是自由、無所限制的。至於實踐則是將內在思想化爲外顯行爲。和外物接觸，必會受到制約，無法完全自由。古人區別此二者，稱爲言與行或志與功。和當今俗稱的理論與行動是一樣的意思。

至於言行齟齬，指嘴巴說的和實際做的不一致。有道是「非食志也，食功也。」[1]意思是：應以人的貢獻程度決定獎賞的多寡。不管理論多好，若沒有實際行動與功效，都是沒有意義的。光說不練的人會被瞧不起，就是對於言行不一的否定。

所以，理論和行動不能有絲毫不一致，必須保持平衡。爲了便於初學者理解，以下我將使用理論與行動兩個詞彙，論述爲何當兩者相輔相成時能夠對人產生好處，而反之，會有什麼弊端。

第一，人的行爲有大小輕重之別。

演戲、研究、拉車、開船、務農、寫作都是人的活動。不願當公務員的可能選

1 語出《孟子・滕文公下》。

擇做學問；不想拉人力車的去學習航海技術；不以耕田爲滿足者志在寫作。這些都是經過了深思熟慮才做決定的。而促使當事人下此判斷的就是他的想法和志趣。因此，我們會說他很有志氣，是心志高尚的人。這正是我說人必須有遠大的志向的原因。沒有志氣不可能成就大事。

第二，不論難易，每個人的行爲都有或大或小的功用。

圍棋、軍棋等技藝並不容易。雖然研究這些技藝與天文、地理、機械、數學等一樣很耗費心神，但對人類的貢獻卻不能相提並論。能判斷有無用處，並選擇貢獻較大的，就是頭腦清楚的人。所以，理論若不明確，行動便會徒勞無功。

第三，人的行爲必須符合規則。

做事應判斷適當的場所和理想的時機。舉例來說，道德論述固然重要，但突然在宴會上自顧自地說教，只會惹來旁人訕笑。書生間激烈的論辯並非沒有意義，但若在親戚婦孺聚會時爭得面紅耳赤，就會讓人懷疑精神不正常。頭腦清楚的人，行動必會符合場所與時機；活力充沛但心智不明的人，就像蒸汽機沒有引擎，船舶少了舵一樣，無益，甚至有害。

第四，以上舉的是有行動力但思慮不周的弊端，但光有遠大的志向卻缺乏執行力也是不行的。這樣的人會經常感到有志難伸、憤憤不平，認為天下事無一能與自己的壯志匹敵而不願屈就。覺得能發揮志趣的卻又眼高手低。遺憾的是，這種人通常不知反省，認為是別人對不起自己。整天抱怨時不我予，天命不至，好像世上沒半件事值得他去做。總是哭喪著臉，獨自憂悶，搞得內外都是敵人，天下沒有知音。這種心態就跟明明沒借人錢，卻一直怪人家不還一樣。儒者擔憂沒人瞭解自己，書生掛慮沒人提攜，官員害怕少了貴人拔擢，商人憂心事業不順利，廢黜的士族心煩未來的生計，沒官可當的華族恐懼不再受人尊敬。很多人從早到晚憂心忡忡，滿腹牢騷，這樣當然過不了一天好日子。現在實在找不到幾個言語輕快、神態開朗的人，很多人都是愁容滿面的樣子，我看若要去弔唁，借那張臉來用眞是再適合也不過了。實在悲慘！假如這些人懂得按自己的能力行動，就能找到舞臺發揮，成就一番事業。可惜他們多好高騖遠；只有一分的能力，卻想做十分的大事。結果當然不如預期。這就跟地藏菩薩的石像上裝了飛毛腿，或把中風患者的神經變得更敏銳一樣，不平不悅，憂傷煩悶也是可想而知的。

可見空有理想卻沒有行動力的人，也會讓人討厭而變得孤立。這種人自視甚高，明明能力不如人，卻用自己的標準來輕視對方的行動，認為沒有價值。如此怪異的人當然也會被輕視、被嘲諷，久而久之就和世間格格不入了。放眼望去，現在社會上有很多被排擠的人，包括桀傲不遜的、爭強好勝的、貪得無饜或造謠生事的。這些人自以為是，任意判斷別人，抱著空洞不實的夢想。因為惹人厭，只好避開人群，生活圈愈來愈小，最後就孤立無援了。

因此，我要鄭重呼籲青年朋友：假如不滿別人的表現，就自己出來做。嫌人家不會做生意，就放手試試看。受不了隔壁鄰居的散漫，就出來示範。要批判別人的作品，自己先寫寫看。想評論學者，得先當上學者。要評論醫生，得先當上醫生。不管天下大事或芝麻小事，先反省自己若在那位置上會如何，再決定要不要批判。就算行業不同、工作內容相異，若能慎重衡量事情的難易與輕重，只針對雙方的實際行為做比較，應該不會有太大的謬誤才對。

（明治九年八月出版）

第十七篇

論人望

假如有十個人或一百個人說：「某某人很可靠，很值得信賴，這件事交給他準沒錯。」那就是這人的品德被肯定、能力受期待的意思；也就是說他是有人望的。

人望有大小輕重之分，不受信賴的人，一點用處也沒有。人望小的，可託他十錢上街辦事，於是，他就有十錢的人望，值得十錢的信賴。從十錢到一元，再到一千、一萬元，甚至有能力募集到數百萬資金的，就變成銀行家了。另外，掌理一府[1]一省[2]事務的長官，所需費心的除了錢以外，還包括人民生活的便利、貧富與榮辱的問題。這些人平時就很有人望，很受信賴，否則是不可能成事的。

不信任就會懷疑，開始懷疑就沒完沒了了。例如：為了監視負責監視的人，另外找人來監視他，但這樣並沒有用，只會傷感情而已。古往今來這種奇談不少。反

1 相當於今日的縣級自治單位。

2 指內閣的各部。

之，三井、大丸[3]的聲譽好，品質佳，故能贏得消費者一再回購。而只要是馬琴[4]的作品，就是好看的保證，很多人光聽書名就訂購了。因此，三井大丸生意興隆，馬琴的書銷售長紅。如此可看出，有人望對貿易或著書都好處多多。

一個人若有十六貫[5]的力氣，就讓他扛十六貫重的東西；有一千元身家，就借他一千塊錢。像這樣，一切都以實物爲基準，那麼，人望和名聲也就毫無用處了。但是社會的運作並非總如此單純。有人連十貫都扛不動，卻有辦法不費吹灰之力移動數百萬貫的東西；一千塊都沒有的人，卻能運用數十萬元來做事。不然，假如現在突檢一個素有富豪之稱的人，精算他的帳戶資產，可能會發現他竟負債了幾百、幾千塊錢。也就是說，他的帳戶是赤字的！連一文不名的乞丐都比他好。但爲什麼

3 現在的三越和大丸百貨公司。
4 曲亭馬琴，一七六七至一八四八年。江戶後期的俗文學作家，最知名的是合卷和讀本，相當於今天的小說。
5 重量單位，一貫相當於三・七五公斤。

不會有人把他和乞丐相提並論呢？原因無他，正是因爲這商人有人望的緣故。不過，人望並非靠蠻力奪取，也不是非有萬貫家財不可。人望是無形的財富，是靠才智與品德逐漸累積起來的。

因此，人望隸屬品德與智慧的範疇，應該無庸置疑了。然而縱觀古今，有些時候卻剛好相反。例如：庸醫把玄關拓寬以吸引病人。江湖賣藥的把招牌漆成金色而大發利市。詐欺犯帳房裡擺的金庫空空如也。學者用看不懂的原文書來裝飾書房。有人在人力車上裝模作樣地讀報，但一回家就倒頭大睡。也不乏星期天下午做禮拜時感動得淚流滿面，隔天夫妻就大打出手的例子。在這廣大無邊的世間，眞僞難辨、善惡混同，孰是孰非有時不易論斷。平日聲譽良好的人，見了面卻發現他既愚蠢又沒修養，不禁大失所望。正因如此，稍有見識的君子便不願沽名釣譽，甚至很自然地對世間浮名敬而遠之。這種愛惜羽毛的心態，基本上是值得尊敬的。

但話雖如此，世間事若太極端就有壞處。仁人君子對虛名不屑顧盼固然令人感佩，但是在決定是否追求名望之前，還是應該審慎判斷才對。要是如赤腳大夫的玄關，或江湖賣藥的看板，眞的只是虛名，那麼當然應該退避三舍。但世事並非總是虛無空洞的。智慧與修養就像活生生的植物，而榮譽與人望就像樹上盛開的花朵。要把樹木栽培到開花結果，沒有行動怎能成功。不先確認是實至名歸還是浪得虛名就一味走避，就像先把花兒都摧殘了，再把樹木藏起來一樣。這和暴殄天物又有何不同？非但沒有用處，甚至對社會有害。

這樣說來，人應追求榮譽和人望囉？我說：是的，而且還必須積極爭取才行。當然，分寸的拿捏很重要；凡事都必須適度。勞心勞力以追求人望，就像量米給人一樣。技巧好的能把一斗米量成一斗三合；而笨拙的，只能量出九升七合。我說的適度就是不多量也不少量；實實在在地，有一升就量一升的意思。技巧好壞產生的差異，表面上只有兩、三分，但量取才德時決不只如此。取巧的人可能會比實力多量出兩、三倍，但笨拙的就只有二分之一了。言過其實本不足為取，沒有討論的必要。以下的說明是為了那些有多少能力就說多少話、正直實在的人而做的。

孔子說：「不患人之不己知，患不知人也。」[6]這句話在當時的用意是要矯正

6 出自《論語．學而》，意思是：君子不該憂慮別人不知道我，當憂慮自己不瞭解別人。

社會歪風。不料卻被後世迂腐的儒者斷章取義，只知道閉門思案，不對外接觸，還推崇起木石般不哭不笑的怪物，甚至尊稱這種人爲大師。眞是一大奇談。所以我們的當務之急是破除這種萎靡之風，展現蓬勃的生氣。既要多接觸新事物，更要廣結善緣。不但要知人，而且要己知。我們可從以下幾個方向努力，以自我提升並貢獻社會：

第一，必須培養駕馭語言的能力。

書信和寫作的功能當然不可忽視，也就是說，能用文字來表達意見是很重要的。但與人近距離接觸時，語言才是最有力的工具。流暢、活潑地運用語言絕對有其必要。近來演講在社會上已蔚然成風。聽演講可以學到很多東西。而一場流暢精彩的演講，不僅聽者受惠，講者自己也獲益不少。但若聽那些不擅言詞的人說話，會發現他們的語彙貧瘠，詞不達意。舉學校老師的翻譯課爲例，當介紹到水晶球時，或許認爲學生理當明白，完全不做解釋，只會一臉嚴肅地瞪著學童說「水晶球」三個字，之後就閉口不言。假如這個老師語言豐富，善於表達一點就好了，他可以說：「形狀呢，就像糯米糰子一樣是圓的。水晶是山裡挖出來的玻璃礦石做的，甲州地方盛產。所以水晶球就是用這礦石做的，像糰子的東西。」這樣肯定連婦女、孺子都一聽就懂。很多老師常讓人一頭霧水，因為他們沒有學習演講技巧。曾有書生說：「日本的語言很不方便。寫文章不好用，也不適合演講。我們應該說英語、寫英文。」這根本是無稽之談。看來這書生生於斯、長於斯，卻連母語都不能掌握。一國的語言會隨著使用需求的增加而變得豐富，照理說不該有什麼不便才對。讀者諸君身為日本人，一定要能活用日語，並訓練流暢的口才。

第二，表情必須柔和、愉快，不要讓人一見就生厭。聳肩露出諂媚的笑、巧言令色、阿諛奉承固然令人不悅，但老是苦著一張臉，像吃了熊的膽汁一樣，或連受到讚美也吝於微笑，一年到頭鬱悶成疾，又或者總是面容哀戚，如喪考妣似的，一樣讓人看了倒胃口。面帶笑容、態度爽朗是人的美德之一，也是待人接物的首要條件。人的表情有如房子的門面，若想廣結善緣，得先將大門敞開，掃灑入口以示歡迎，客人才會樂意上門。想交朋友卻沒有好臉色，學偽君子不苟言笑的樣子，就好比在門前掛屍骨，在門口放棺材一樣，這樣怎會有人敢靠近呢？世間多稱譽法國為文明之源、智識的中心，追根究柢，無非法國國民行止活潑、儀表可親之故。或許有人會說：「講話和儀表是與生俱來的，無法靠努力改變，所以討論這個問題終究無益。」此話乍聽有理，但仔細想想人智發展的規律，就知道並不正確。任何事只要去做一定會改善；就和勞動手足與強健筋骨一樣。既然說話和儀表也是人的身心活動，不努力當然不會進步。遺憾的是，自古以來日本人就對此不屑一顧，眞是大錯特錯。今日我並非要再度確立言語和儀表的學問，只是要呼籲大家不要忽略這個重要的美德，應時時留心、片刻不忘才對。

但或許又有人要說：「表現出愉快的樣子是虛矯顏色。而且不單容貌臉色，連衣裝飲食都得講究。不喜歡的人也得接待，還要提供他和身分不相襯的佳餚。這樣的人際關係不是太虛僞了嗎？」這話同樣乍看有理，但應注意的是：虛僞是社交上的弊端，並非本質。弊端與本質剛好相反的事所在多有，過猶不及就是在批評這種情況。比如說，食物是要維持身體機能，飲食過量反而有礙健康；營養是食物的本質，吃太多卻有害處。所以說：人與人的交往，貴在和諧、眞摯，流於虛矯絕非社交的本意。

人世間沒有比夫婦、親子關係更緊密的了，故稱此人倫爲天下至親。而支配這種至親之間的是什麼呢？不過是和諧眞摯的情感而已。但也唯有把虛僞一掃而空，才能看見至親的關係。和睦的社交也存在眞誠相待中，和虛僞是勢不兩立的。當然，我並非要求社交關係應比照親子夫婦辦理，而是要提示一個理想的方向。現在社會上在評價人時也會使用家人之間的用語，例如：「他很親切」、「性格爽朗」、「不拘小節」、「很乾脆」、「有男子氣慨」或是「愛講話，又有點輕率」、「稍嫌囉嗦，但人還不壞」、「沉默寡言，但對人很好」、「看起來嚴肅，不過個性倒是挺爽快的」等等，表現出率眞無僞的感情。

第三，有句話說「道不同，不相爲謀。」[7]可惜世人也誤解了這句話，以爲學者是學者，醫生是醫生，行業不同就無法親近。學生時代感情很好的人，畢業後若分道揚鑣，一個從商，一個從政，自此便隔絕千里，形同水火。這實在是不明就裡

7 出自《論語・衛靈公》。

的話。人生在世，既不應忘記老朋友，也必須結交新朋友。不與人接觸當然不能相互表意，心意既無法傳遞，又如何瞭解對方。不是有人因一朝萍水相逢而成終生的莫逆之交嗎？假如遇見十個人，有一人是那個偶然，認識二十人，就可能出現兩個偶然。先知人，而後己知，友情多半是這樣產生的。先不討論人望、名譽什麼的，朋友多、知己多，就是有益的事。去年有緣在名古屋同船渡河，今年假如又在銀座街上偶遇，這對雙方不都很好嗎？今年光顧的蔬菜店老闆，有可能明年在東北旅館照顧突然肚子痛的自己呢！

世界很大、人很多，但並非個個都是牛鬼蛇神，更不會有人非害我不可。因此，有什麼想法都可和人分享，待人接物要坦率俐落，無須忌憚。多激發想法，多培養才能可以增加認識各種人的機會。有的人可以和他切磋學問，有的人可以和他生意往來，或以書畫會友，或以棋藝交流。只要不是放浪形骸、遊手好閒，就沒有不能用來交朋友的。就算沒什麼才華的人也可和他吃飯喝茶。身強體健者聚會時可以比腕力、腳力，或打枕頭戰來取樂。腕力與學問，乍看好像有那麼點「道不同」的味道，但眞的不必因此而「不相爲謀」。世界很大，可以互動的人實在很多，這和三、五條鮒魚擠在井中消磨日月是不同的。諸君既然身為人類，就不要忌避同類才好。

（明治九年十一月出版）

福澤諭吉年表

年代	生平紀事
一八三五年	一月十日出生於中津藩（現大分縣中津市）。由於他出生的當晚，作為下級武士也是儒學者家的父親剛剛獲得《上諭條例》（記錄清朝時代的法令書），因此給他取名為「諭吉」，幼時即嗜讀漢書籍如《論語》、《孟子》、《詩經》、《史記》、《左傳》等。
一八三七年	父親過世，回到中津（現在的大分縣）。
一八五四年	前往長崎學習蘭學（荷蘭學）與荷蘭文。
一八五五年	來到大阪的緒方洪庵的適塾繼續研究荷蘭學，可直接閱讀荷蘭文原文書：對化學實驗、工藝技術特別感興趣。
一八五六年	諭吉再次前往大阪求學。
一八五七年	諭吉成為適塾的塾長。
一八五八年	奉中津藩之命到江戶開設蘭學塾，在那裡教授蘭學。這個小規模的蘭學塾後來成了慶應義塾的前身，因此這一年便被定為慶應義塾的創校之年。
一八五九年	前往橫濱。當時，根據日美修好通商條約，橫濱成為外國人的居留地。但是當地全用英文，學習了荷蘭語的諭吉連招牌的文字都看不懂。從此他深感學習英文的必要，便開始以《荷英字典》等自學英語。

一八六〇年	日本政府派遣使節團赴美，交換日美修好通商條約批准書，諭吉以咸臨丸艦長助手身分前往美國。回日本後他決定放棄荷蘭語，專教英文，把蘭學塾改變成英學塾。同時也受僱於幕府，從事政府公文的翻譯。
一八六一年	以遣歐使節團團員身分赴歐，到英國與歐洲各國，政府給的旅費全部購買書籍，深感在日本普及西學的重要。除了購買書籍帶回日本，也研究了歐洲政經制度。
一八六三年	回國後，他寫作了《西洋事情》等書，開始了對日本的文明開化啓蒙盡力。
一八六八年	將蘭學塾改名為「慶應義塾」，專心從事教育活動。
一八七九年	擔任東京學士會院（即現之日本學士院，相當於中央研究院）第一任院長。
一八八二年	創辦日報《時事新報》，遵循不偏不倚的立場，引導社會輿論。
一八九〇年	慶應義塾成立大學部。
一九〇一年	過世。
一九八四年	日本政府計畫將福澤諭吉的頭像印在一萬日元紙幣上。後來因為沒有更高額紙幣，福澤諭吉也成為日本最高面額紙幣上的人物。

名詞索引

二畫

三畫

四畫

五畫

六畫

七畫

二十畫

二十二畫

經典名著文庫 053

勸　學

作　　者 —— 福澤諭吉
譯　　者 —— 徐雪蓉（179.7）
發 行 人 —— 楊榮川
總 經 理 —— 楊士清
總 編 輯 —— 楊秀麗
文庫策劃 —— 楊榮川
本書主編 —— 黃文瓊
責任編輯 —— 李敏華
封面設計 —— 姚孝慈
封面著者繪像 —— 莊河源
出 版 者 —— **五南圖書出版股份有限公司**
地　　址 —— 臺北市大安區 106 和平東路二段 339 號 4 樓
電　　話 —— 02-27055066（代表號）
傳　　眞 —— 02-27066100
劃撥帳號 —— 01068953
戶　　名 —— 五南圖書出版股份有限公司
網　　址 —— https://www.wunan.com.tw
電子郵件 —— wunan@wunan.com.tw
法律顧問 —— 林勝安律師事務所　林勝安律師
出版日期 —— 2013 年 10 月初版一刷
2018 年 11 月二版一刷
2023 年 1 月三版一刷
定　　價 —— 300 元

國家圖書館出版品預行編目資料

勸學 / 福澤諭吉著； 徐雪蓉譯． — 三版． — 臺北市：
五南圖書出版股份有限公司，2023.01
面；公分
ISBN 978-626-343-523-0（平裝）

1.CST：福澤諭吉　2.CST：學術思想　3.CST：日本哲學

131.96　　111018537

《勸學》共十七篇，於一百多年前（1872-1876）以文語體寫成，是福澤諭吉畢生最重要的著作，並被譽為日本近代化的必讀聖經。據稱：當時每十六個日本人中就有一人讀過本書；在缺乏大規模銷售通路，廣告宣傳也實為不易的年代，可說是空前的暢銷。

本書兩大核心思想是「天賦人權」與「全民向學」。首篇第一句借美國獨立宣言「天賦人權」的思想，破天荒地向日本民眾提出：「上天不在人上造人，亦不在人下造人」的平等理念。那時，日本剛從長達兩百六十年的鎖國解放，一般民眾對世界仍極其陌生，且千百年來的封建遺毒仍根深柢固地留在日本人心中。因此，本書提出的觀點可說非常地激進，甚至顛覆了日本人一直視為真理的價值觀，而引起很大的波瀾。

而《勸學》所勸之學，不是封建時代無益的「舊學」，乃是士農工商經世濟民的「實學」。作者呼籲民眾必須建立良好的自我認同，利用教育來改變社會地位，先追求個人的獨立，創造幸福的人生，再協助國家的文明開化，以躋身世界一流的國家。本書除了啟發民眾的蒙昧無知，也提倡男女平權的觀念，並具針貶時政、振聾發聵之效，是日本向西洋開眼的第一步。

除卻前半部「天賦人權」、「國際平等」、「社會契約」、「法律與言論自由」等理論性闡述外，若用當代人熟悉的話語來說：後半部可歸納出「生涯規劃」、「商業運作」、「時間管理」、「個人行銷」、「人際關係」等領域，無疑地，也是現代人生活必備的實學參考書，故讓《勸學》在一百多年後仍位居經典暢銷書之列。

五南文化事業

ISBN 978-626-343-523-0（131）
00300
9 786263 435230
1D81 定價300元